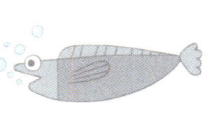
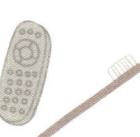

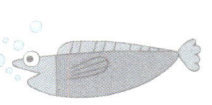
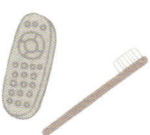

바다를 살리는
비치코밍 이야기

함께 만들어 가는 세상 01

플라스틱 쓰레기로 뒤덮인 바다를 구하라!

바다를 살리는 비치코밍 이야기

화덕헌 글 | 이한울 그림

썬더키즈
thunder kids

　쓰레기를 유산으로 물려받고 싶은 사람이 있을까요? 그것도 수백 년 동안 썩지 않는 플라스틱 쓰레기를 말이에요. 아마 아무도 없을 거예요. 에코 아저씨는 우리 어린이들이 바다로 흘러 들어가는 플라스틱 쓰레기에 관심이 생기길 바라는 마음으로 이 책을 썼어요.

　바다로 떠내려오는 플라스틱 쓰레기는 전 세계적으로 어마어마해요. 매년 800만 톤이 넘는 플라스틱 쓰레기가 바다로 모인다고 하니, 앞으로 100년, 10년, 아니 어쩌면 5년 뒤에 바다는 쓰레기로 뒤덮일지도 몰라요. 지금도 바닷속에는 플랑크톤보다 미세 플라스틱이 더 많은 곳이 존재하거든요.

　미세먼지가 심한 날, 정부에서는 안전 안내 문자를 보내요. 외출을 자제하고, 자가용 대신 대중교통을 이용하고, 마스크도 꼭 착용하라고요. 우리는 미세먼지가 심한 날은 하늘만 봐도 알 수 있어요. 게다가 눈도 따갑고, 코도 막히고, 기침도 나와 몸으로도 느낄 수 있어요. 그래서 미세먼지 개선이나 예방을 위해서는 나라 전체가 경각심을 가지고 있지요.

반면, 태평양의 플라스틱 쓰레기는 당장 우리 눈에 보이지 않아요. 바닷속에 미세 플라스틱이 많다고 하지만, 바닷물을 들여다봐도 보이지 않지요. 게다가 플라스틱 쓰레기는 당장 우리 생활에 어떤 불편함도 주지 않아요.

하지만 플라스틱으로 인한 환경 오염은 정말 무시무시한 재앙이에요. 그리고 그 재앙은 앞으로 미래를 살아갈 어린이들이 고스란히 떠안게 될 거예요. 어른들이 만들고, 어른들이 함부로 버린 플라스틱 쓰레기 때문에 어린이들에게 큰 근심거리를 주게 되어 한 사람의 어른으로서 너무 미안해요. 하지만 너무 겁먹지 않아도 돼요. 지금부터라도 우리들이 플라스틱 쓰레기에 관심을 갖는다면 세상은 달라질 수 있거든요.

이 책을 읽고 있는 친구라면 아마 길거리에 쓰레기를 함부로 버리지 않고, 일회용품을 사용하지 않고, 분리배출도 당연히 열심히 하고 있을 거예요. 이 정도도 정말 훌륭하지만, 앞으로는 집에서 동네로, 동네에서 국가로, 국가에서 지구 전체로 관심을 넓혀 나가야 해요.

이 책에 나오는 보얀 슬랫과 멜라티, 이사벨 자매도 여러분과 비슷한 나이인 10대에 환경 운동을 시작했거든요. 여러분들은 사회를 움직이는 제도와 정책을 세우고, 바꾸는 일을 할 수 있어요. 과학에 관심이 많다면 발명가가 되어 플라스틱 문제를 해결하는 장치를 만드는 것도 좋겠죠?

『바다를 살리는 비치코밍 이야기』가 바다의 플라스틱 쓰레기 문제를 알리는 역할을 했으면 좋겠어요. 이제 바다에 가면 해수욕만 즐기지 말고 비치코밍을 해 보는 건 어때요? 우리의 소중한 바다를 깨끗하게 오래오래 볼 수 있도록 말이에요. 그리고 해운대에 왔으면 에코 아저씨를 만나러 '바다상점'에도 꼭 놀러 오세요.

마지막으로 이 책이 나오기까지 많은 수고를 하신 썬더버드 출판사 관계자분들께도 감사드립니다.

에코 아저씨
화덕헌

등장인물 소개

우주

대한민국 부산 해운대에 사는 우주예요. 초등학교 3학년인 우주는 환경에 관심이 아주 많아요. 누구보다 바다를 사랑하는 마음도 크지요. 평소에는 까불까불하지만, 환경을 생각할 때는 진지해져요. 깨끗한 바다를 지키기 위해 비치코밍 활동도 열심히 한답니다.

코딜리아 페트

태평양 폴리네시아의 바닷속 생태계를 지키고 관리하는 인어공주예요. '코딜리아'는 바다의 보석이라는 뜻이지요. 태평양 한가운데에 생긴 쓰레기 섬의 존재와 바닷속에 물고기보다 미세플라스틱이 더 많다는 충격적인 사실을 알리기 위해 노력하고 있어요.

에코 아저씨

해운대에서 '바다상점'과 '에코에코 협동조합'을 운영하는 에코 아저씨예요. 누구보다도 앞장서서 비치코밍을 실천하고 있어요. 오로지 환경만 생각하며 궂은일도 마다하지 않고 뚝딱뚝딱 해결해 나가지요. 부지런함과 성실함으로 무장한 멋진 아저씨예요.

차례

작가의 말 • 8
등장인물 소개 • 11

1장 | 태평양에서 온 인어공주의 편지
태평양 쓰레기 섬 • 17
해운대의 위기 • 21
DIY • 조개껍데기 냉장고 자석 • 26

2장 | 돌아오는 플라스틱
플라스틱이란? • 31
하루 동안 만난 플라스틱 세상 • 38
위험한 플라스틱 • 44
DIY • 튜브로 만든 액세서리 • 52

3장 | 바다를 살리는 비치코밍

비치코밍이란? ○ 57
비치코밍을 시작한 사람들 ○ 63
DIY • 조개껍데기 캔들 ○ 76

4장 | 에코 아저씨와의 만남

에코 아저씨와 에코에코협동조합 ○ 82
에코에코의 비치코밍 ○ 88
DIY • 표류목 냄비받침 ○ 100

5장 | 우리들의 작은 실천

세계 곳곳에서 시작된 지구인들의 노력 ○ 106
우리들이 할 수 있는 8가지 실천 방법 ○ 114
DIY • 티셔츠 에코백 ○ 120

1장
태평양에서 온 인어공주의 편지

폴리네시아 바닷속을 지키는 인어공주에게 편지가 왔어요.
태평양에 쓰레기 섬이 생겼다는 무시무시한 내용이에요.
어떻게 된 일인지 편지를 자세히 들여다볼까요?

폴리네시아의 아름다운 섬들은
바다거북의 산란장이고,
갈매기들의 보금자리야.

태평양 쓰레기 섬

안녕? 내 이름은 '코딜리아 페트'라고 해. 나는 태평양 폴리네시아의 바닷속 생태계를 지키고 관리하는 인어공주야.

갑자기 내 편지를 받고 놀랐지? 대한민국 친구들에게 도움을 청하고 싶어서 편지를 보냈어. 무슨 도움이냐고? 바로 폴리네시아에 심각한 문제가 발생했기 때문이야.

폴리네시아는 하와이 제도부터 뉴질랜드와 이스터섬에 이르는 태평양 반을 차지할 정도로 아주 넓은 지역이야. 크고 작은 수천 개의 섬으로 이루어져 있지. 곳곳에 아름다운 휴양지도 많고, 물고기도 많아 여러 나라에서 배를 끌고 와 물고기를 잡아가는 곳이었어.

그런데 1997년에 태평양을 건너던 찰스 무어 선장이 지도에도 없는 거대한 섬을 발견했어. 크기가 한반도보다 7배 이상 큰 섬이었어. 하지만 가까이 다가가 보니 그곳은 땅이 아니었어. 사람들이 사용하고 버린 온갖 쓰레기들이 태평양으로 떠내려와 만들어진 쓰레기 섬이었지.

쓰레기의 대부분은 페트병처럼 가볍고 물에 잘 뜨는 플라스틱이었어. 잘게 부서진 플라스틱 조각들이 둥둥 떠다니는 이곳은 마치 걸쭉한 수프나 건더기가 떠 있는 미역국 같은 상태라고 할까?

초록색의 에메랄드 보석을 닮은 아름다운 태평양이 어쩌다 쓰레기 더미가 되었을까? 찰스 무어 선장은 폴리네시아에 있는 수많은 섬 중에서도 가장 큰 이 섬을 '플라스틱 아일랜드'라고 불렀어. 엄청나게 큰 섬이 쓰레기로 가득 찬 게 상상이나 되니?

내가 이렇게 편지를 쓰는 이유는 떠내려오는 플라스틱을 가만히 지켜볼 수만은 없었기 때문이야. 사람들이 버린 플라스틱 쓰레기가 지금도

• 플라스틱 쓰레기로 가득한 플라스틱 아일랜드

해류를 따라 플라스틱 아일랜드로 떠내려오고 있어. 매년 바다로 흘러 들어가는 쓰레기는 무려 800만 톤에 달하는데, 대부분 플라스틱 쓰레기야. 1분마다 15톤 덤프트럭 한 대 분량이 바다에 버려지는 것과 같은 양이야.

폴리네시아의 아름다운 섬들은 바다코끼리의 안식처이고, 바다거북의 산란장이고, 갈매기들의 보금자리야. 하지만 플라스틱 쓰레기 때문에 수많은 바다 생물은 물론, 하늘을 나는 새까지 큰 고통을 받고 있단다. 그리고 이미 사람까지 공격하고 있어. 조용하게 그러나 아주 위협적으로 사람의 몸을 아프게 하고 있지.

특히 첫 번째로 한국에 편지를 보낸 이유가 궁금하지 않니? 그건 한국의 플라스틱 소비량이 세계 최고 수준이기 때문이야. 2015년 통계를 보면 일본 사람들은 1인당 65.8kg, 미국 사람들은 93.8kg을 소비하고 있어. 하지만 한국은 132.7kg으로 전 세계 평균보다 두 배가 넘는 숫자야.

한국에 있는 바다도 쓰레기로 몸살을 겪고 있다는 뉴스를 종종 봤을 거야. 특히 여름에 해운대를 찾는 사람이 수백만 명인데, 이 사람들이 쓰레기를 하나씩만 버리고 간다고 생각해 봐. 정말 끔찍하지?

바로 지금이 바다를 살릴 수 있는 마지막 기회인 것 같아. 제발 한국의 친구들이 도와주었으면 좋겠어. 플라스틱 쓰레기가 줄지 않는다면 아마 30년 뒤의 지구는 플라스틱 쓰레기로 가득할 거야. 부디 내 편지를 읽은 친구만이라도 지금부터 나의 이야기에 귀 기울여 주렴.

해운대의 위기

 코딜리아에게.

안녕? 나는 대한민국 부산에 사는 우주라고 해. 며칠 전에 엄마, 아빠와 해운대에 놀러 갔다가 너의 편지를 발견했어.

플라스틱 아일랜드의 상황을 들으니 너무 무서웠어. 내가 살고 있는 부산 해운대도 안전하지 않다는 생각이 들었거든. 멀리 있는 너를 대신해 내가 우리나라 바다를 지켜야겠다는 결심을 했어. 대한민국, 특히 해운대를 사랑하는 부산 사나이가 가만있을 수 없지! 내가 앞으로 우리나라를 잘 지킬 테니 너는 플라스틱 아일랜드를 잘 지켜 주길 바라.

나도 너의 이야기를 듣고 해운대의 플라스틱 쓰레기 문제에 대해 좀 알아보았어. 내 얘기도 들어주겠니?

• 해운대 모래사장을 가득 채운 파라솔과 해수욕을 즐기는 사람들이야.

　1980년대까지 해운대는 부산 외곽에 있는 변두리 마을에 불과했어. 1994년부터 아파트 개발이 시작되면서 현재는 인구 40만 명이 사는 부산에서 가장 규모 있는 지역이 되었어. 특히 여름에는 매년 수백만 명이 찾아오는 유명한 해수욕장이 되었지.

　해수욕장이 되기 전, 해운대 백사장은 바다거북이 찾아와 알을 낳는 산란장이었어. 하지만 아파트와 관광 시설이 들어서면서 인구가 늘어나자 바다에는 여러 가지 문제가 생겼어.

　조용하고 한적한 어촌 마을의 풍경은 모두 사라졌지. 우선 도시가 커지면서 생활 하수와 폐기물이 바다로 흘러들었어. 드넓은 모래밭은 해안가에 지어진 높은 빌딩 숲의 영향을 받아 바람이 더 거세져 모래가 자꾸 사라졌어. 모래 유실이 심각해지자 정부에서는 서해안의 모래로 해운대 모래사장을 메우는 공사를 했어. 하지만 서해안에서 가져온 모래 입자가 매우 작아서 바람이 불 때마다 뿌연 먼지를 일으킨다고 해.

　해운대 해수욕장 주변은 일 년 내내 관광객들이 많은 곳이야. 특히 해수욕하기 좋은 여름철에는 우리나라 뿐만 아니라 외국에서 온 관광객들까지 놀러 오는 곳이지. 해운대구청에서는 정말 많은 청소부들을 고용해 넓은 해수욕장을 매일 청소하고 있어. 이런 청소부들 덕분에 드넓고, 시원하고, 상쾌한 바다의 이미지가 만들어지는 거야.

하지만 이 아름다운 이미지가 바다의 전부는 아니야. 청소부의 손길이 닿지 않는 곳은 우리가 상상하는 바다와는 전혀 다른 모습을 하고 있어. 도시에서 떠내려온 각종 쓰레기, 먹다 버린 음료수 병, 깨진 유리병, 과자 봉지, 그물이나 로프, 어부들이 사용하다 함부로 버린 어구, 낚시꾼들이 버리고 간 오물과 낚시용품, 횟집 등의 식당에서 조리하다 남은 부산물과 음식물 쓰레기로 인해 바다는 끙끙 앓고 있어. 바다는 말 그대로 지구의 쓰레기장이나 마찬가지야.

그리고 해운대 바다로 흘러 들어간 쓰레기를 줍다 보면 중국에서 떠내려온 중국산 페트병을 심심찮게 볼 수 있어. 해운대 바다에서 중국어가 쓰여 있는 제품을 발견하면 바다 쓰레기에 대한 경각심이 생겨. 이건 중국만의 문제는 아니야. 우리나라에서 가까운 일본 대마도나 규슈는 한국에서 떠내려간 쓰레기로 인해 몸살을 앓고 있다고 해. 조사해 보면 전 세계의 쓰레기들이 돌고 있을 거야.

이처럼 바다의 플라스틱 쓰레기 문제는 해운대에서만 대책을 세운다고 해결될 일이 아닌, 전 세계적으로 해결해야 할 문제인 것 같아. 우리 아빠 말로는 과잉 생산되고, 낭비되고, 잘못 소비되는 방식의 자본주의 사회 시스템도 문제라고 하셨어. 개인의 노력만으로는 절대 해결할 수 없고, 생산 방식과 소비 방식을 바꿔야 한다고. 우리 엄마는 이 플라스틱 문제가 결국은 개인에게 피해가 가기 때문에 더 위험한 거래. 특히 어린이들의 피해가 클 것이라고 했지. 내가 어른이 되었을 때는 아마 더 심각한 상황이 될 거라고 걱정을 하시더라고. 그래서 우리 집은 일회용품을 절대 사용하지 않기로 선언했어. 잘 지킬 수 있겠지?

후유, 나는 요즘 해운대 바다 쓰레기를 생각하면 밤에 잠이 안 와. 너의 걱정을 덜어 주고 싶었는데 오히려 내 고민을 말해서 미안해.

DIY 조개껍데기 냉장고 자석

바다에 놀러 가면 모래사장에서 보석 찾기를 하듯이 예쁜 조개껍데기를 찾아본 경험이 있지? 누가 누가 더 예쁜 조개를 찾나 내기도 했을 거야. 그렇게 신나게 놀고 집에 오면 주머니 속에 조개껍데기 한두 개씩은 들어 있을 거야. 그냥 버리지 말고 조개껍데기로 냉장고 자석을 만들어 보자. 만드는 방법은 쉽지만, 아주 실용적이야.

I 준비물

  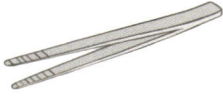

조개껍데기　　　글루건 또는 본드　　　자석　　　핀셋

I 만드는 순서

① 바다에서 주워 온 조개껍데기 중에서 작은 크기를 골라. 너무 큰 조개껍데기는 메모지나 사진의 내용을 가릴 수 있거든.

② 조개껍데기를 깨끗하게 씻어. 안 쓰는 칫솔을 이용해 문지르면 더욱 깨끗해질 거야.

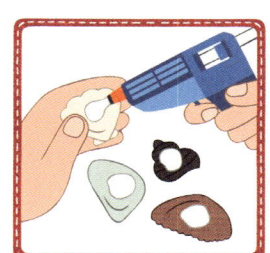
③ 잘 마른 조개껍데기 안쪽에 글루건이나 본드를 채워 줘. 글루건은 뜨거우니까 항상 조심조심!

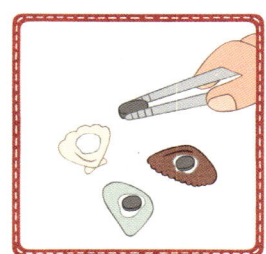
④ 글루건이나 본드가 다 마르기 전에 자석을 붙여. 이때 맨손으로 붙이면 손에 묻을 수 있으니까 핀셋을 이용하는 게 좋아.

⑤ 글루건이나 본드가 다 마를 때까지 기다려. 두께에 따라 마르는 시간이 다르니까, 자석이 움직이지 않을 때까지 가만히 두자.

⑥ 조개껍데기 냉장고 자석 완성!

2장
돌아오는 플라스틱

플라스틱은 우리 생활에 없어서는 안 될 중요한 존재예요.
하지만 많은 장점을 덮을 만한 치명적인 단점이 있어요.
플라스틱이 왜 위험한 존재인지 알아볼까요?

한번 만들어진 플라스틱은
어떤 식으로든 인간의
곁을 떠나지 않아.

플라스틱이란?

우주야, 편지 정말 고마워. 너처럼 대한민국을 사랑하고 환경을 사랑하는 어린이가 있다는 게 정말 안심이 되었어. 그런데 네가 들려준 해운대 이야기는 내가 생각했던 것보다 훨씬 심각한 상황이더라.

한 사람이 무심코 버리는 작은 쓰레기가 하나둘 쌓이면 엄청난 쓰레기 산이 되는 건데 말이야. 특히 중국에서 만든 페트병이 한국까지 흘러간다고 하니 정말 무섭다. 바다가 말을 할 수 있다면 아마 바다의 울음소리가 쉴 새 없이 이어지겠지? 그럼 사람들도 절대 쓰레기를 버리지 못할 텐데 말이야.

그런데 우리가 너무 플라스틱을 미워하는 것 같지 않니? 플라스틱은 우리 생활에 없어서는 안 될 아주 중요한 재료야. 다만 인간이 플라스틱을 남용하면서 생긴 문제를 모두 플라스틱 때문이라고 말하고 있으니 문제지. 우주는 어떻게 생각해? 그런 의미에서 오늘은 플라스틱에 대해 알아보는 건 어떨까? 자, 천천히 들어 봐.

플라스틱의 발명

세계 최초의 플라스틱은 바로 당구공이야. 코끼리 상아로 만든 당구공 가격이 너무 비싸지자, 상아가 아닌 다른 물질로 당구공을 만들어야 했어. 1869년, 미국의 하이엇 형제는 여러 실험을 통해 니트로셀룰로오스와 장뇌(녹나무에서 추출한 고형 물질)를 섞으면 아주 단단한 물질이 만들어지는 걸 발견하고 '셀룰로이드'라는 이름을 붙였어. 셀룰로이드는 열을 가해서 둥근 형태로 만든 다음 식히면 당구공처럼 단단한 물질이 되었지.

한 걸음 더 나아가 1909년, 미국의 베이클랜드라는 사람은 페놀을 이용해 '베이클라이트'라는 합성수지 플라스틱을 만들었어. 페놀은 석탄 콜타르에서 추출된 화합물이었지.

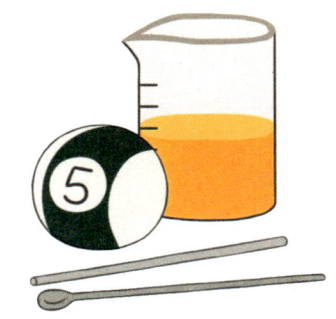

플라스틱은 그 후로도 다양하게 개발되어 현재는 석기 시대, 청동기 시대, 철기 시대를 이어 플라스틱 시대라고 부르는 세상이 되었어. 플라스틱은 사용되지 않는 곳이 없을 정도로 우리 주변 곳곳을 차지하고 있지.

플라스틱의 뜻

플라스틱은 그리스어로 열이나 압력을 가해서 원하는 대로 물질의 모양을 만들 수 있다는 뜻의 '플라스티코스(plastikos)'에서 나온 말이야.

세상에는 닮은 듯, 다른 여러 종류의 플라스틱이 있어. 공통점은 만 개 이상의 원자가 고리로 이어진 거대한 분자 덩어리인 고분자 화합물이라는 점이야. 원자는 모든 물질을 구성하는 가장 작은 단위를 말하고, 그런 원자들이 모여서 결합한 가장 작은 형태를 분자라고 해. 탄소와 원자가 어떻게 결합하느냐에 따라 다양한 플라스틱으로 만들 수 있어.

고분자 화합물은 '천연수지'와 '합성수지'가 있어. 수지는 식물이나 동물에서 나오는 끈적한

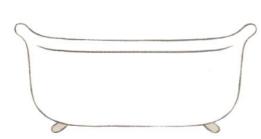

액체를 말해. 천연수지는 동물, 곤충, 송진, 목화 등에서 나오는 자연물, 합성수지는 석유 석탄 천연가스 등을 원료로 만든 인공 화합물이야.

초기 플라스틱인 '셀룰로이드'는 식물에서 구한 원료로 만들어진 천연수지였어. 요즘 플라스틱은 대부분 석유나 석탄에서 발생하는 화학물질을 재료로 하기 때문에 합성수지를 뜻해.

플라스틱 합성수지의 원료가 되는 에틸렌, 프로필렌은 석유를 증류할 때 나오는 나프타라는 물질에서 추출해. 나프타는 휘발유의 일종이야. 나프타 가스에서 얻은 에틸렌이나 프로필렌에 화합물을 첨가하여 폴리에틸렌(PE), 폴리프로필렌(PP), 폴리스티렌(PS), 폴리염화비닐(PVC) 등의 합성수지와

• 열가소성 플라스틱   • 열경화성 플라스틱

합성섬유, 합성고무 등의 플라스틱 원료가 되는 화합물을 만들지. 대부분의 플라스틱 명칭 앞에 많다는 뜻을 가진 폴리(poly)를 붙이는 이유는 이들이 고분자(polymer)이기 때문이야.

플라스틱 중에서 한번 굳어지면 다시 열을 가해도 녹지 않는 '열경화성 플라스틱'과 열을 가해 녹여서 다시 쓸 수 있는 '열가소성 플라스틱'이 있어. 열경화성 플라스틱은 아주 딱딱해서 철이나 유리도 대신할 수 있지. 가볍고 단단한 욕조, 물탱크, 배달 오토바이에 달린 배달통 그리고 헬멧이 바로 열경화성 플라스틱이야.

플라스틱의 장점

플라스틱은 쇠처럼 녹슬지도 않고, 나무처럼 썩지도 않아. 플라스틱은 가벼우면서도 튼튼하지. 일정한 온도를 가해 자유자재로 다양한 모양을

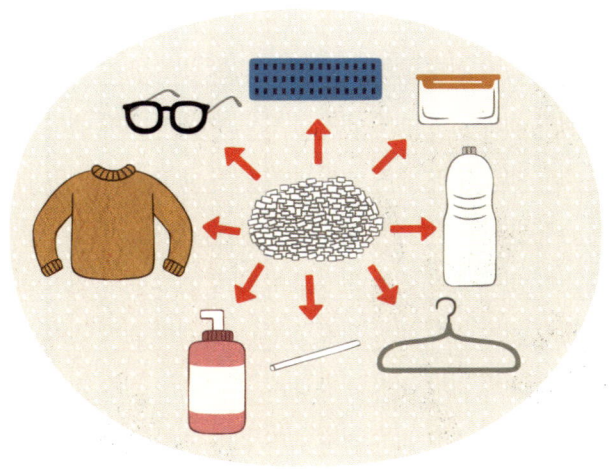

만들 수 있고, 다양한 색상을 더할 수도 있어. 고무처럼 유연하고 부드러운 플라스틱도 있고, 유리나 강철처럼 단단한 플라스틱도 있어. 얇은 봉투를 만들 수도 있고, 질기고 강한 실을 뽑아 옷감을 만들 수도 있지. 전기가 통하지 않는 특성을 이용해 전깃줄의 피복을 감싸는 절연체를 만들 수도 있고, 전기가 통하는 특성의 제품을 만들 수도 있어. 이처럼 플라스틱은 사람들의 필요에 따라 다양한 형태와 성질을 가진 제품으로 아주 저렴하게 무한정 만들 수 있어.

플라스틱의 단점

플라스틱의 모든 장점을 능가하는 치명적인 단점이 있어. 그것은 바로 낭비되기 쉽고, 썩지 않는 물질이라는 사실이야. 플라스틱은 일단 만들어지고 나면 없어지지 않고 영원히 우리와 함께해야 해. 심지어 우리 자손들과도 함께해야 하지. 설령 한번 쓰고 버리는 일회용품으로 만들어졌다

하더라도 플라스틱은 불멸의 존재야. 또한 불에 태우면 환경호르몬이 나오기 때문에 환경 파괴는 물론 사람의 몸에도 해롭지. 편리하다는 이유로 무한정 만들어지고 있으나, 오랜 시간이 지나도 사라지지 않기 때문에 심각한 환경 문제를 만들어 내는 플라스틱. 플라스틱이 가진 여러 가지 장점이야말로 바로 단점인 셈이야.

하루 동안 만난 플라스틱 세상

 우주야, 설명이 너무 어려웠지? 그래도 잘 따라와 주어서 고마워.

플라스틱은 이미 우리 생활 곳곳에 안 쓰이는 곳이 없을 정도로 많은 영역에 침투해 있어. 플라스틱이 영원히 사라지는 건 상상하기 힘들 정도야. 특히 의학 분야에서도 플라스틱이 많이 쓰이는데, 주사기를 비롯한 각종 의료기기는 물론 인공각막, 인공관절처럼 사람 몸속에서 그 기능을 대신해 주기도 해. 잘 쓰고, 잘 버리면 아주 고마운 물질이지.

우주야, 우리가 얼마나 플라스틱에 의존하며 살고 있는지 궁금하지 않니? 하루 중 가장 많은 시간을 보내는 집에서 만나게 되는 플라스틱을 적어 봐. 정말 의미 있는 시간이 될 거야.

코딜리아, 이번 편지에는 미션이 있네? 집에 있는 플라스틱 찾기라니! 재미있을 것 같아. 그런데 우리 집에서는 일회용품 사용을 절대 금지하고 있어. 생각보다 플라스틱이 적게 발견되는 거 아닐까? 너무 자신만만한가? 그래도 평소에 생각하지 못한 곳에 플라스틱이 많이 숨겨 있겠지? 좋아, 다 찾아 주겠어! 그럼 시작해 볼게.

현관: 코딜리아, 플라스틱을 의식적으로 찾으려고 보니까 시작부터 플라스틱 왕국에 입장한 기분이 들어. 집 앞의 초인종도 플라스틱, 번호를 누르면 문이 열리는 도어락도 플라스틱이야. 현관에 들어가니 신발장 안에 있는 신발에도 플라스틱이 쓰였어. 신발 밑창이 대부분 플라스틱이었다니. 아빠가 사용하시는 구둣주걱도 플라스틱, 쓰레기통도 플라스틱. 우산 보관함과 그 안에 들어 있는 우산도 전부 플라스틱이군.

내 방: 하루에도 몇 번씩 잡게 되는 방문 손잡이부터 형광등을 켜는 스위치와 형광등 커버도 플라스틱이었네. 침대, 책상, 책장, 의자, 옷장, 서랍장 등 가구에는 다양한 색과 디자인을 위해 플라스틱 필름이 접착되어 있어. 군데군데 플라스틱 부품도 당연히 들어가 있어. 침대와 책상, 의자 다리 아래쪽에 붙은 완충재, 시계, 액자, 귀여워서 사둔 인형이나 장식품들도 플라스틱으로 만든 제품이야.

책상에 있는 학용품 대부분도 플라스틱이야. 프탈레이트라는 위험물질이 들어 있다는 지우개를 비롯하여, 연필꽂이, 필통, 샤프, 볼펜, 컴퍼스, 파일, 자, 칼, 풀, 책가방, 신발주머니, 체육복, 실내화, 다이어리, 색연필, 물감 튜브, 붓, 물통 등등 모두 합성수지나 합성섬유로 만들어진 제품이야.

침대 커버, 이불, 베개에 들어가는 솜, 담요에도 폴리에스테르라는 합성섬유를 사용했지. 옷장에도 천연가죽으로 만든 옷, 양모 옷, 면으로 된 내의와 양말을 제외한 대부분의 옷도 합성섬유 제품이야.

화장대에도 유리 용기에 담긴 화장품도 간혹 있지만, 플라스틱 용기에 담긴 화장품이 훨씬 많아. 심지어 늘 들고 다니는 핸드크림이나 립밤도 플라스틱 튜브에 담겨 있어.

화장실: 화장실에도 정말 많은 플라스틱이 보여. 플라스틱 슬리퍼가 가장 먼저 반겨 주고 있네. 비누도 플라스틱으로 만든 받침대에 올려져 있고, 양치를 하려고 집어 든 칫솔 역시 플라스틱과 나일론이야. 치약이 든 튜브와 뚜껑, 양치컵 역시 플라스틱이지. 샤워할 때 쓰는 샤워타올은 합성섬유, 샴푸나 린스 통 역시 모양 변형과 다양한 색을 입히기 편리한 플라스틱 제품이지. 샤워기는 금속 재질처럼 보이지만 금속 느낌으로 코팅을 한 플라스틱이야. 세숫대야, 면도기, 헤어드라이어, 치간 칫솔, 빗도 모두 플라스틱 제품이라니! 이 모든 것을 넣어두는 욕실 수납장 역시 플라스틱 제품이거나 플라스틱으로 코팅된 제품이야. 욕실

을 나오면 깔려 있는 극세사로 만든 발매트도 폴리에스테르와 나일론을 섞어서 만든 합성섬유야.

거실: 아직 우리 집 반도 안 돌아봤는데, 세상의 모든 플라스틱을 다 만난 기분인걸? 우리 가족들이 가장 많은 시간을 보내는 거실로 가 보자. 바로 보이는 바닥에 깔린 카펫 역시 합성수지와 합성섬유가 포함되었어. 소파와 쿠션, 커튼, 텔레비전, 셋톱박스, 리모컨 등 대부분의 제품도 플라스틱이거나 플라스틱이 포함되어 있지. 거실에 있는 컴퓨터에도 많은 플라스틱이 포함되어 있어. 컴퓨터 본체, 모니터, 키보드, 마우스, 마우스패드, 각종 케이블, 전기 콘센트, 프린터기 등등 나열하기도 힘들다.

부엌: 맛있는 음식을 만드는 부엌으로 가 보자. 플라스틱으로 만든 냉장고 안에서 플라스틱 물병을 꺼내, 플라스틱 컵에 물을 마시고 있었네. 특히 요즘 만들어진 냉장고는 앞쪽에 폴리에스터 코팅이 처리된 합성수지 재질이라 냉장고 자석이 붙지 않는 경우가 많대. 부엌에도 헤아릴 수 없을 만큼 많은 플라스틱 용품이 자리를 차지하고 있어. 밥솥, 도마, 주걱, 각종 반찬통, 케첩이나 마요네즈가 담긴 용기, 국자 손잡이, 믹서기, 거품기, 전자레인지, 고무장갑, 일회용 장갑, 랩, 지퍼백, 식탁 매트, 병따개, 칼과 가위 손잡이 등등 싱크대 서랍에 있는 물건들까지 다 적다 보면 밤을 새워야 할 것만 같아.

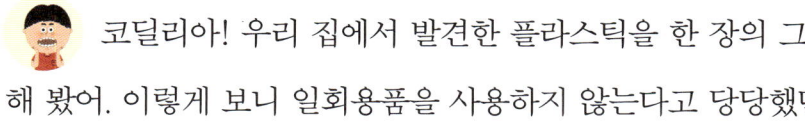 코딜리아! 우리 집에서 발견한 플라스틱을 한 장의 그림으로 정리해 봤어. 이렇게 보니 일회용품을 사용하지 않는다고 당당했던 내가 너무 부끄럽다. 플라스틱 왕국이 바로 우리 집이었다니!

근데 이건 일부겠지? 내가 상상하지 못한 곳에도 플라스틱이 사용됐을 테고, 집 밖으로 나가면 더 많은 플라스틱 세상이 펼쳐질 테니까. 이만큼 기록하는 것도 너무 힘들었어. 아마 꼼꼼하게 적었다면 공책 한 권도 모자랄 지경이었다니까?

그런데 코딜리아, 플라스틱을 알면 알수록 우리에게 없으면 안 되는 존재더라고. 그냥 사용하면 안 될까? 지금 당장 플라스틱 때문에 내가 아파서 죽거나 그런 것도 아니잖아. 물론 플라스틱은 썩지 않는다고 하니 미래에는 너무 많아서 감당이 안 될 수 있겠지만, 미래에는 더 좋은 기술이 발전하니까 플라스틱을 없애는 방법도 생기지 않을까?

대신 플라스틱 아일랜드처럼 쓰레기 섬이 생기지 않도록 쓰레기를 함부로 버리는 것을 조심하고, 분리배출도 진짜 열심히 하고, 바다 청소도 열심히 할게. 공부도 열심히 해서 플라스틱을 썩게 하는 방법도 연구할게.

코딜리아, 난 플라스틱 없는 세상은 상상할 수 없을 것 같아.

위험한 플라스틱

　우주야, 집에서 만난 플라스틱을 적어 보니 생각보다 너무 많지? 정말 열심히 찾았다는 게 느껴져. 그런데 이 미션을 수행하면서 플라스틱을 정말 많이 사용하고 있다는 경각심을 갖길 바랐는데, 오히려 플라스틱의 고마움을 느꼈다는 편지를 받으니 걱정이 앞선다.

　우주야, 지금 우리가 이렇게 맑은 공기를 마시고, 깨끗한 물을 마시는 게 당연하다고 생각하니? 내가 알기론 한국도 미세먼지가 심각해서 맑은 공기를 마실 수 있는 날이 점점 줄어들고 있다고 하던데. 그리고 불과 몇 년 전까지 물을 사 먹는 건 생각조차 할 수 없었던 일이야. 마을마다 우물이나 지하수를 아무런 정수 장치 없이도 마실 수 있었거든.

　플라스틱 쓰레기 문제를 하루만 놓고 보면 그 위험성이 크게 보이지 않지만, 그 하루가 쌓여 한 달이 되고, 일 년이 되고, 십 년이 되면 우리 힘으로는 되돌릴 수 없는 상태가 될 수도 있어. 지금부터 플라스틱이 왜 위험한지 알려 줄게.

바다 동물을 위협하는 플라스틱

요즘 바다의 고래들을 위험하게 하는 것은 무엇일까? 예전에는 고래잡이배에서 쏘는 작살포가 가장 큰 위협이었을 거야. 1986년, 고래잡이가 국제적으로 금지되면서 포경선 작살포의 위협은 확실히 줄었어. 종종 버려진 고기잡이 그물에 걸려 고래가 죽는 경우도 있지만, 고래잡이가 금지되자 바다의 고래는 개체 수가 많이 늘어났어.

• 물고기와 함께 바닷속을 떠다니는 쓰레기들. 그리고 그물에 걸린 바다표범

그런데 최근에 고래에 위협을 가하는 새로운 위험 요소가 생기고 있어. 그것은 바로 바다에 떠다니는 '비닐봉지'야. 우리가 하루에도 여러 번 사용하게 되는 그 비닐봉지는 바다로 떠내려가 고래들을 아프게 했어. 해안가에 밀려와 죽은 거대한 고래를 진단하기 위해 고래를 해체했더니 뱃속에서 시커먼 비닐봉지와 각종 플라스틱이 잔뜩 나왔다는 뉴스를 보았을 거야. 고래는 뱃속에서 엉킨 비닐로 인해 제대로 먹이를 먹지 못해 영양실조로 죽게 되었어.

바다의 플라스틱은 그저 둥둥 떠다니는 부유물 형태의 쓰레기 상태로 머물고 있지만은 않아. 양식장의 그물이나, 그물을 띄우는 데 쓰이는 둥근 모양의 스티로폼 부표도 바다 동물에게 위험해. 특히 이 부표는 저렴하고 편리해서 아무렇게나 취급하는 플라스틱 제품이지. 하지만 누군가의 부주의나 강한 파도에 의해 묶어둔 끈이 풀리면 돌이킬 수 없는 재앙이 시작돼. 표류하는 스티로폼은 파도에 의해 잘게 부서지게 되는데, 대략 700만 개의 조각으로 나누어져. 700만 개는 부산에 사는 모든 시민에게 스티로폼 조각을 두 조각씩 나눠 주고도 남는 숫자야.

우리가 버린 플라스틱 쓰레기가 태평양이라는 아주 먼 바다로 떠내려가고 끝난 줄 알았는데 큰 고통을 받은 고래의 사체를 통해 우리에게 되돌아온 거야. 고래뿐만 아니라 플라스틱 쓰레기는 다양한 바다 생물들의 몸속에 쌓이고 있어. 그리고 어부에게 잡힌 물고기 몸속을 통해 우리 집 식탁으로 돌아오는 거야.

바다 생물의 먹이 사슬 구조에 따라서 화학물질 형태로 우리 건강에 영향을 미치는 것이지. 한번 만들어진 플라스틱은 어떤 식으로든 인간의 곁을 떠나지 않아.

세계를 위협하는 신종 전염병

2014년에 대한민국의 남해안 바닷물에서도 미세 플라스틱이 많이 발견되었어. 한국해양과학기술원에서 발표한 자료에 따르면 거제도 부근 바다에서 수거한 1톤의 바닷물에 21만 개의 플라스틱 조각이 들어 있었다는 연구 결과가 있어. 우리가 사 먹는 2리터 생수병 크기에 바닷물을 채워 500개로 나눠 담았다고 생각하면 각 물병 속에 미세 플라스틱 조각이 420개가 들어 있다는 말이야. 정말 심각하지?

마시는 물도 안심할 수 없어. 전 세계 수돗물의 83%에서 미세 플라스틱이 나왔다는 연구도 있고, 상점에서 판매되고 있는 259개 생수 중

93%에서 미세 플라스틱이 발견되었다는 미국 뉴욕주립대학교 연구팀의 조사 결과도 있었지.

 게다가 바닷물을 끌어다 수분을 증발시키고 생산하는 소금에도 미세 플라스틱이 들어 있지. 2018년에 한국에서 판매 중인 소금을 조사한 결과, 프랑스산 천일염에서는 100g에 242개, 한국산은 28개, 중국산은 17개의 미세 플라스틱이 나왔어. 일 년 평균 3.5㎏ 정도 소금을 섭취한다고 했을 때, 최소 600개부터 8천 개가 넘는 미세 플라스틱을 먹게 되는 거야.

 일본에서는 바다에서 잡은 멸치를 조사했는데 멸치 64마리 중 70%에 해당하는 49마리의 몸속에서 미세 플라스틱이 발견되었어. 유럽도 마찬가지야. 생선을 즐겨 먹는 영국 사람들은 다른 유럽인들 보다 연간 1만 개 이상의 미세 플라스틱 조각을 더 섭취하는 셈이라고 하는군.

 생선, 새우, 조개 그리고 특히 소금은 우리가 매일 식탁에서 즐겨 먹는 것들이지. 이 모든 식품 속에 미세 플라스틱이 들어 있으니 앞으로는 "식사 맛있게 드셨어요?"라는 인사말을 "플라스틱 맛있게 드셨어요?"로 바꾸어야 할 지경에 이르게 된 거지.

 이렇게 플라스틱을 섭취하게 되면 우리 몸에 어떤 변화가 생길까? 작은 플라스틱에는 바닷속 화학물질이나 독성물질이 잘 달라붙어. 마치 자석이 쇳조각을 끌어당기거나, 스펀지가 물을 흡수하는 것처럼 작은 플라스틱은 해로운 물질을 끌어당긴다고 해. 아직 인간을 대상으로 한 연구 결과

는 없지만, 플라스틱을 섭취한 바다 생물을 조사해 보면 플라스틱이 이들의 성장과 발달, 행동과 생식에 장애를 일으키는 것은 분명하다고 해. 플라스틱을 신종 전염병으로 여겨야 하는 이유가 충분하지?

사라지지 않는 플라스틱

플라스틱은 우리 눈에서 멀어졌다고 그냥 없어지는 것이 아니야. 이렇게 골치 아픈 플라스틱을 어떻게 처리할 수 있을까? 땅속에 묻어 버리면 될까? 아니야. 자연의 모든 물질은 동물의 먹이로 소화되거나 미생물에 의해 잘게 쪼개져 흙으로 돌아가는 데 비해, 플라스틱 분자는 단단해서 쉽게 쪼개지지 않고 몇백 년, 아니, 몇만 년이나 지나도 사라지지 않아.

그렇다면 플라스틱을 태워버리면 어떨까? 그것은 더 위험해. 플라스틱은 타면서 다이옥신이라는 독성물질로 변하게 돼. 함부로 태우면 더 큰 골칫덩어리가 되어서 우리를 더 많이 괴롭히지.

플라스틱을 커다란 분쇄기에 넣어서 갈아버려도 마찬가지야. 작아지고 눈에 보이지 않는다고 분해되거나 사라지는 것이 아니거든. 오히려 작고 보이지 않기 때문에 더 위험해질 뿐이지. 표면적이 늘어난 작은 플라스틱 조각은 큰 조각일 때보다 더 많은 환경 유해물질을 끌어모으기 때문이야.

등장한 지 100년도 되지 않았지만, 플라스틱은 우리 생활 거의 모든 영역에 자리 잡고 있어. 원하는 모양으로 만들기 쉽고, 유연성과 탄력성이 있고, 강도와 내구성을 조절할 수 있는 데다 무엇보다도 가격이 저렴하지. 하지만 플라스틱은 쉽게 분해되지 않기 때문에 어딘가에 남아 지구 환경을 오염시키고 있어. 그리고 지구를 오염시키는 데 머무르지 않고 미세 플라스틱의 모양으로, 환경호르몬의 형태로 우리 곁으로 돌아오는 무서운 녀석이야. 특히 바다를 통해 전 세계와 인류를 플라스틱 사슬로 연결시키는 중이지.

전 세계에서 힘을 모아 반갑지 않은 방문자, 플라스틱을 어떻게든 막아야겠지? 어떻게 막을 수 있을까? 플라스틱을 생산하고 소비하는 방식을 바꾸어야 해. 즉, 사용을 줄여야 하지. 작은 비닐봉지 하나라도 아껴서

• 페트병, 스티로폼, 비닐봉지는 바다를 위협하는 무시무시한 존재야.

다시 써야 하고, 마지막에는 반드시 분리배출을 해서 재활용되도록 해야 해. 그리고 각 나라에서 플라스틱 쓰레기가 하수구와 강을 통해 바다로 흘러가지 않도록 하고, 육지로 밀려온 플라스틱 쓰레기들을 열심히 주워야겠지.

DIY 튜브로 만든 액세서리

바다나 수영장에서 물놀이할 때 꼭 필요한 튜브! 하지만 이 튜브에 구멍이 나서 못 쓰게 되면 너무 아까워. 설마 못 쓰게 됐다고 바다에 그냥 버리고 오는 친구들은 없겠지? 이 튜브도 바다를 오염시키는 주범이라고! 지금부터 튜브를 활용한 액세서리를 만들어 보자.

| 준비물

못 쓰는 튜브 · 바늘과 실 · 가위 · 솜 · 본드 · 브로치 옷핀

| 만드는 순서

① 튜브의 바람을 다 빼고 깨끗하게 씻어서 말려.

② 원하는 그림을 골라 가위로 오려. 이때 그림이 보이는 윗면과 맞닿은 뒷면도 함께 잘라 줘야 해. 총 두 장이 나올 수 있도록.

Tip 테두리를 남겨두고 자르면 바느질을 할 때 그림이 잘리지 않아 더 예쁘게 만들 수 있어.

③ 테두리를 따라 솜을 넣을 수 있는 구멍만 남기고 두 장을 겹쳐서 바느질해. 바느질은 버튼홀스티치로 하면 더욱 예뻐.

④ 적당히 솜을 넣고 남은 구멍도 바느질로 마무리해.

⑤ 뒷면에 브로치 옷핀을 본드로 붙여 줘.

⑥ 세상에 하나뿐인 브로치 완성!

3장
바다를 살리는 비치코밍

바다로 흘러 들어가는 플라스틱 쓰레기는 어마어마해요.
그래서 바다를 청소하는 비치코밍 활동을 해야 하지요.
바다 쓰레기를 없애려고 노력 중인 사람들을 만나 볼까요?

비치코밍은 바다를 빗질하듯
바다 표류물이나 쓰레기를
주워 모으는 행위를 말해.

비치코밍이란?

코딜리아, 지난 편지의 답장은 '헉!' 한마디로 정리할 수 있어. 그 안에 모든 의미가 담겨 있거든.

플라스틱을 계속 사용하자고 했던 스스로에게 놀라서 헉!

플라스틱이 이렇게 위험하다는 것에 놀라서 헉!

편지를 쓰고 있는 지금도 주변에 플라스틱이 가득해서 헉!

내 편지를 받고 놀랐을 너에게 미안해서 헉!

정말 미안해. 바다로 흘러 들어가는 플라스틱 때문에 내가 너를 비롯한 바다 동물들이 이렇게 아파하고 있을 줄은 몰랐어. 오늘부터 비닐봉지는 절대 사용하지 않을 거야. 그리고 또 내가 무엇을 할 수 있을까? 얼른 알려 줘.

우주야, '헉'이 가득한 편지를 받고 나도 헉 소리가 절로 나오던걸? 그래도 진심이 담긴 우주의 편지를 보니 마음이 놓인다.

우주가 할 수 있는 일을 알려 달라고 했지? 그런 의미에서 오늘은 '비치코밍'에 대해 얘기해 볼까 해. 오늘은 진짜 중요한 이야기를 할 거니까 잘 따라와야 해. 알겠지?

혹시 '비치코밍'이라는 말을 들어 본 적 있어? 영어 단어 테스트가 아니니까 겁먹지 말라고. 처음 들어 봤다고 부끄러워할 필요 없어. 특히 초등학생인 우주가 알기에는 어려운 단어거든.

단, 환경에 관심 있는 사람이라면 꼭 알고 있어야 하는 중요한 단어니까 지금부터 꼭 기억하자!

비치코밍과 비치코머

'비치코밍(Beachcombing)'은 해변을 뜻하는 '비치(Beach)'와 빗질을 뜻하는 '코밍(Combing)'이 합해진 말이야. 말 그대로 바다를 빗질하듯 바다 표류물이나 쓰레기를 주워 모으는 행위를 말해. 그런 활동을 하는 사람은 '비치코머(Beachcomber)'라고 부르지.

그렇다고 비치코밍이 단순히 바다 쓰레기를 줍는 활동만을 의미하지는 않아. 비치코머들 중에는 자연정화 활동을 하는 자원봉사자와 고물상에 내다 팔 재활용품을 찾아다니는 사람도 있어. 또한 오랜 시간 바다를 떠다니며 파도에 마모되고 햇볕에 바랜 물건을 찾는 괴상한 수집가들도

● 비치코밍은 쓰레기로 생각하면 쓰레기로 보이고, 작품으로 생각하면 작품으로 보이는 게 매력이야.

있지. 공예품이나 예술 작품의 재료로 쓰기 위해 바다 쓰레기를 줍는 작가들도 있어.

이들 중에는 해양학자와 협력해서 바다 환경에 관한 정보를 주고받으며 바다를 관찰하는 파수꾼 역할을 하는 사람들도 있지. 이처럼 비치코머들의 활동 영역과 활동 방식은 아주 다양해.

직접 해안으로 나가 보면 굉장히 다양한 표류물을 발견할 수 있어. 스티로폼, 페트병, 신발, 칫솔, 라이터, 부서진 그릇 등 눈살을 찌푸리게 하는 생활 쓰레기도 많지만, 자세히 살펴보면 보석 같은 것들도 있어. 파도에 마모되어 멋스러운 모양이 된 표류목, 깨진 유리병 조각이 오랜 시간 파도와 모래에 깎여 보석처럼 보이는 바다유리, 색 바랜 조개껍데기, 형형색색의 부표 등이 바로 그것이야.

바다에서 플라스틱을 주워야 하는 이유

지금 이 순간에도 전 세계에서는 플라스틱이 생산되고 있고, 또 플라스틱을 사용하고 있어. 플라스틱이 발명된 1950년 이후 2015년까지 전 세계에서 생산된 플라스틱 양은 약 83억 톤이야. 현재도 매년 3억 톤 이상이 생산되고 있어.

하지만 플라스틱 재활용률은 겨우 9%에 불과해. 그럼 이 많은 플라스틱은 다 어디로 갔을까? 맞아. 전 세계 바다로 매년 800만 톤의 플라스틱 쓰레기가 흘러 들어가고 있어. 유엔(UN)에서는 이 상태로 가면 2030년에는 플라스틱 쓰레기가 바닷속 물고기 수를 넘어설 것이라고 경고했지.

우주가 사는 대한민국에도 약 18만 톤의 바다 쓰레기가 쌓이고 있어. 그 중 대다수가 썩지 않는 플라스틱 쓰레기라는 건 말 안 해도 알겠지?

만약 해변에서 비닐봉지 하나를 주웠다면 미세 플라스틱 175만 개를 주운 것과 같은 효과야. 영국 플리머스대학교의 연구 결과에 의하면 비닐봉지 하나가 175만 개의 미세 플라스틱으로 쪼개질 수 있다고 했거든.

미세 플라스틱은 우리 눈에는 잘 보이지 않지만, 플랑크톤 같은 작은 바다 생물에게는 아주 치명적이지. 그 플랑크톤을 먹은 물고기를 다른 동물이나 사람이 먹게 되는 거야. 플라스틱은 500년이 지나도 썩지 않기 때문에 영원히 우리와 함께 살아갈 수밖에 없어.

비치코밍은 특별한 취향을 가진 사람들만의 취미 활동이 아니야. 이제는 누구나 비치코밍에 관심을 가지고 생활 속에서 실천해야 하는 중요한 과제라고 할 수 있어.

비치코밍으로 바다에서 주워 온 표류목으로는 로빈슨 크루소가 만들었을 법한 뗏목 모형을 만들 수 있고, 조개껍데기와 바다유리를 낚싯줄로 이으면 근사한 모빌이 되기도 해. 그리고 바다유리는 솜씨 좋은 사람들에 의해 목걸이나 반지로 만들어지기도 하지. 바다유리를 액자에 붙이면 바다 냄새 물씬 풍기는 멋진 작품이 되기도 해. 플라스틱 어구로 타악기를 만들어 연주를 하는 음악가들도 있어.

앞으로 많은 사람들이 비치코밍 활동에 관심을 가지다 보면 바다 쓰레기라는 거대한 인류의 문제는 자연스럽게 해결이 될 거야.

비치코밍을 시작한 사람들

우주야, 나는 요즘 지구의 환경 문제를 보고 있으면 그 어떤 공포 영화를 보는 것보다 무서워. 하지만 걱정만 한다고 해결되는 것도 없으니 힘내야겠지?

사람들은 지구 살리는 걸 거창하게 생각하는 것 같아. 하지만 지구를 살리는 일은 특별히 많이 배우고 아는 게 많은 사람이 하는 게 아니야. 진심으로 지구를 사랑하고, 바다를 사랑하고, 동물들을 사랑하는 사람, 그리고 환경을 살리겠다는 열정 가득한 사람들이 해낼 수 있는 거야. 바로 우주처럼 말이야.

그런 의미에서 비치코밍을 먼저 시작한 사람들을 소개해 줄게. 앞에서 잠깐 얘기했었던 찰스 무어 선장을 다시 만날 거야. 맞아! 바로 쓰레기 섬을 발견한 선장이지. 해양학자이자 비치코머인 커티스 에베스마이어도 꼭 알고 있어야 해. 그리고 바다 쓰레기를 모으는 발명품을 만든 보얀 슬랫과 비닐봉지 금지 운동을 시작한 자매들의 이야기도 들려줄게. 10대 친구들의 이야기라 더 흥미진진할걸? 그럼 지금부터 차례대로 만나 보자.

쓰레기 섬을 발견한 찰스 무어 선장

1997년, 하와이에서 작은 요트를 타고 미국 캘리포니아로 항해를 하던 찰스 무어(Charles Moore) 선장은 어마어마하게 큰 섬을 발견했어. 지도에도 나오지 않는 이 섬은 한반도의 7배나 될 정도로 거대한 크기였어. 세계 최초로 신대륙을 발견했다는 기쁨도 잠시, 가까이 다가간 섬의 정체는

플라스틱으로 가득한 쓰레기 섬이었어.

  충격을 받은 찰스 무어는 플라스틱 아일랜드를 조사하기 시작했지. 재단을 설립하고, 과학자들과 정보를 교류하면서 플라스틱 아일랜드의 정체를 밝혀내었어. 평범한 선장이었던 그는 해양학자이자, 환경운동가가 되어 플라스틱 쓰레기가 바다에 어떤 영향을 미치고, 얼마나 심각한지를 전 세계에 알리기 시작했지.

  전 세계를 다니며 강연회와 인터뷰를 하며,『플라스틱 바다』라는 책도 쓰고, 〈합성물질의 바다〉라는 영화를 제작하기도 했지. 2011년에는 대한민국 방송인 KBS '환경스페셜' 〈플라스틱, 바다를 점령하다〉라는 다큐멘터리에도 직접 출연했어.

  그의 주장과 경고가 다양한 매체로 만들어져 전 세계로 퍼지자 예상을 뛰어넘는 반응이 나타났어. 바닷물에 플랑크톤보다 미세 플라스틱이 더 많다는 사실에 많은 사람들이 놀라기 시작했어. 과학자들과 자원봉사자들은 플라스틱과 바다 쓰레기의 위험성을 더 심각하게 인식하게 되었지. 그리고 그것들을 치우기 위한 다양한 아이디어와 시도들이 속속 등장했어.

  찰스 무어는 집에 머무는 날이면 하천과 해변으로 나가 쓰레기를 줍고, 육지 쓰레기가 바다로 흘러가지 않도록 감시하는 일을 하고 있어. 우리도 집에서, 학교에서, 거리에서, 강에서, 바닷가에서 찰스 무어 선장의 외침에 호응하며 그의 손을 잡아야 해. 고래와 산호초와 바다거북에게 맑고 깨끗한 바다를 되돌려 주기 위해서 말이야.

비치코밍을 과학적으로 접근한 커티스 에베스마이어

2003년, 영국 스코틀랜드 해안에 파도를 따라 장난감들이 밀려왔어. 아기들이 목욕할 때 욕조에 둥둥 띄우는 오리, 개구리 등의 동물 모양 장난감이야. 원래 해변에는 장난감 말고도 이런저런 쓰레기들이 밀려오기 때문에 놀랄 일은 아니지만, 이 장난감이 도착한 사건은 신문에 기사가 날 정도로 엄청난 일이었어.

1992년, 홍콩에서 미국 시애틀로 향하던 컨테이너 운반선이 한국과 일본 근처의 태평양에서 풍랑을 만나 컨테이너가 바다에 빠진 사건이 발생했어. 그 안에 있던 약 2만 9천 개의 장난감 중 일부가 바로 11년 후에 영국에서 발견된 거야.

당시 커티스 에베스마이어(Curtis Ebbesmeyer) 박사는 해류를 연구하는

1992년 태평양 바다

해양학자이자, 바닷가에서 쓰레기나 부유물을 줍고 분류하는 비치코머였어. 비치코밍이라는 활동을 과학적으로 접근해 바다에 쌓이는 쓰레기를 연구하는 데 큰 역할을 담당했지.

그는 태평양에서 활동하는 비치코머들로부터 해안에 장난감들이 떠내려온다는 소식을 듣고 바로 조사를 시작했어. 배가 풍랑을 만난 지점의 위치를 파악하고, 장난감들이 해류와 바람에 떠밀려 어느 방향으로 갈지, 언제 어느 해변에 도착할지 연구하고 계산했지. 태평양에는 큰 원을 그리며 순환하는 환류가 있고, 바람과 지형을 따라 흐르는 다양한 해류가 있거든.

에베스마이어는 해류와 바람의 주기에 따라 6개월 후에는 알래스카만에서 장난감이 발견될 것이라 보았어. 아니나 다를까, 2개월 후에 발견되었지. 그리고 약 10년 후에는 북대서양과 영국 부근의 북해에서도 발견될

것으로 보았지. 역시나 11년이 지나고 거짓말처럼 영국 스코틀랜드 해안에서 그 장난감들이 발견된 거야. 태평양에 빠진 오리 장난감이 해양학자들의 해류 연구와 이론을 입증하는 데 큰 공을 세운 셈이지.

또한 비치코머와 해양학자들이 효과적으로 협력할 수 있는 국제 연대 조직을 만들었고, 〈비치코머의 경보〉라는 잡지를 발간하기도 했어. 특히 찰스 무어 선장을 도와 플라스틱 아일랜드의 조사 활동이 과학적인 방법으로 진행될 수 있도록 지원했지.

에베스마이어는 욕조 장난감 외에도 바다에서 유실된 컨테이너 화물을 추적하는 일에 관심을 가졌어. 컨테이너 안에는 몇천 개에서 몇백만 개에 달하는 물건들이 들어 있는데, 그 많은 물건들이 바다에 떠돈다고 생각해 봐. 육지에서 떠내려왔든, 배에서 버린 것이든 바다의 플라스틱 쓰레기는 해류를 따라 전 세계를 돌아다니고 있어. 게다가 그 양이 어마어마하고 빠른 속도로 증가하고 있다는 거야. 더 심각한 사실은 플라스틱이 잘게 쪼개져서 물속의 생물들과 섞인다는 것. 그로 인해 먹이 사슬이 망가지는 결과까지 초래하는 것이지.

그는 지구 환경을 좌우하는 바다의 소리에 귀를 기울여야 한다고 말했어. 쓰레기가 내 손을 떠났다고 해서 사라지는 게 아니야. 쓰레기는 돌고 돌아, 몇 년 후에 나에게 어떤 형태로 돌아올지 몰라. 10년 뒤 다시 발견된 장난감처럼 말이야.

바다 스스로 청소하도록 만든 보얀 슬랫

네덜란드 발명가 보얀 슬랫(Boyan Slat)은 16살 때 다이빙을 배우다가 바닷속의 수많은 쓰레기를 보게 되었어. 그리고 왜 바닷속 쓰레기를 치우지 못하는지 궁금했고, 바다 쓰레기를 치워야겠다는 생각을 하게 됐어.

그러던 중 찰스 무어 선장의 강연을 보다가 "바다 쓰레기는 가만히 있지 않고 해류를 따라 끊임없이 움직이기 때문에 수거가 쉽지 않고 비용이 많이 든다."라는 말을 듣고 역발상을 하게 돼.

18살이던 2012년에 바다 스스로 플라스틱 쓰레기를 청소하게 한다는 아이디어를 생각해 내고, 2013년에는 비영리단체이자 해양 쓰레기 청소 기업인 '오션클린업(The Ocean Cleanup)'을 창립했어. 그리고 크라우드 펀딩(Crowd Funding)을 통해 220만 달러(25억 원)의 자금을 모았어.

보얀 슬랫의 아이디어는 배를 이용해 바다 쓰레기를 거둬들이는 기존의 방식과 비교하면 비용은 33분의 1에 불과하고, 속도는 무려 7,900배 빠른 방식이야. 10년 이내에 태평양 쓰레기 섬의 절반을 청소할 수 있다고 과학적으로 입증했어.

2014년에는 유엔환경계획(UNEP)이 수여하는 '지구환경대상'의 역대 최연소 수상자로 선정되었지. 2019년에는 세계청년리더총연맹(WFPL)이 주관하는 '세계혁신공헌대상' 환경 부문을 수상했어.

'플라스틱 캐쳐'라고 불리는 이 발명품은 2018년

10월, 찰스 무어 선장이 발견한 플라스틱 아일랜드에 설치됐어. 600m 길이의 알파벳 U자 모양의 튜브는 아래로는 3m가량의 가림막이 있지. 물고기나 바다 생물들은 가림막 아래로 지나다닐 수 있어. 바람과 해류로 움직이며 쓰레기를 모으는 방식이야. 또 태양광 에너지를 이용하여 자가발전이 가능하고, 거둬들인 플라스틱을 되팔아서 수익을 창출하는 야무진 생각까지 했지.

 이제 막 시작한 단계라 우려의 목소리도 있지만, 플라스틱 캐쳐가 꼭 좋은 효과를 거둬 바다 쓰레기를 모두 처리할 수 있기를 지켜보자. 더불어 잘 보이지 않는 미세 플라스틱을 수거하는 장치도 빨리 발명되어야 하는데, 보얀 슬랫의 뒤를 이어 대한민국에서 멋진 발명가가 나온다면 어떨까? 우주야, 한번 도전해 보는 거 어때?

• 물고기들은 플라스틱 캐쳐의 가림막 아래로 자유롭게 드나들 수 있어.

비닐봉지 없는 세상을 꿈꾸는 자매

이번에는 발리에 사는 멜라티 위즌(Melati Wijsen)과 이사벨 위즌(Isabel Wijsen) 자매의 이야기를 들려줄게. 우선 지난 2018년 여름, 인도네시아 자카르타에서 열린 아시안 게임 기억하니? 대한민국 야구팀이 금메달을 따서 큰 화제가 되기도 했지. 하지만 언론에서는 아시안 게임 경기 소식 외에도 자카르타의 심각한 환경 오염 문제를 보도했어. 선수들이 지내는 선수촌 주변을 흐르는 센티옹강의 악취와 오염이 너무 심해 대회가 열리는 동안 검은 그물로 강을 아예 덮어 버렸거든.

인도네시아의 환경 오염 문제는 어제오늘 일이 아니야. 신들의 섬이 있는 파라다이스로 불리던 인도네시아가 어쩌다 그렇게 되었을까? 인도네시아의 바다 쓰레기 배출량은 중국에 이어 세계 2위이고, 전 세계 바다 쓰레기 배출량의 10%를 차지하고 있어. 인도네시아의 하천과 바다는 플라스틱 쓰레기로 넘쳐나고 있지. 쓰레기 처리에 대해 무관심한 정부의 문제도 있겠지만, 플라스틱 과소비와 낭비도 큰 원인이야. 인도네시아는 비닐봉지를 많이 사용하는 나라로 유명해. 일 년에 무려 98억 개 비닐봉지가 소비된다고 하니 강이나 바다를 비롯한 모든 환경에 엄청난 피해를 줬겠지?

비닐봉지 사용에 대한 우려가 여기저기 나타났어. 그중에서 10대 소녀들인 멜라티와 이사벨 자매의 활동은 눈여겨 볼만해. 2013년, 두 소녀는 'BBPB(Bye Bye Plastic Bags)'이란 비영리단체를 만들었어. 당시 언니 멜라티는 12살, 동생 이사벨은 10살이었지.

플라스틱 쓰레기로 인한 바다 오염에 관심을 갖기 시작한 멜라티와 이사벨은 비닐봉지와 스티로폼이 바다 환경에 해로운 화학물질이라는 사실을 알게 됐지. 그리고 "가방이 있는데 왜 비닐봉지를 사용할까?" 하는 의문을 품기 시작했어. 이미 많은 나라에서 비닐봉지 사용을 금지하고 있다는 사실도 알게 되고 말이야.

자매는 인도네시아에서도 비닐봉지 사용을 금지하는 운동을 해야겠다고 결심하고 서명 운동을 시작했어. 페이스북, 인스타그램 같은 소셜 미디어를 활용해 10대 청소년들에게 많은 홍보를 했어. 그리고 수많은 관광객들이 찾는 발리 공항에서도 서명 운동을 했지. 인도네시아는 물론 전 세계 사람들에게 홍보를 한 셈이야.

거기에 단식 투쟁까지 하며 발리 주지사를 만날 기회를 얻었어. 열심히

모은 자료로 비닐봉지의 심각성을 설명하는 두 소녀의 설득 덕분에 발리 주지사는 발리 시민들이 비닐봉지를 쓰지 않도록 정부가 적극적으로 노력하겠다는 공식 문서에 서명을 했어.

2018년 10월, 언니 멜라티는 대한민국 제주도를 방문했어. 제주국제컨벤션센터에 열린 '2018 세계리더스보전포럼'에 참여해 "우리 몸속을 흐르는 피에 미세 플라스틱이 있다는 상상을 해 보세요. 그래도 비닐봉지를 사용하고 싶으세요?"라며 당차게 이야기를 했지.

자매는 비닐봉지 대신 사용할 수 있는 가방을 나누어 주고, 비닐봉지를 사용하지 않는 가게에 붙일 스티커도 제작했어. 어린이 대상으로 교육 책자를 만들어 학교에 배포하고, 전 세계에 강연을 하러 다니고 있지. 어린 두 소녀의 노력이 인도네시아 바다를 바꾸는 큰 힘이 되고 있어.

코딜리아, 우린 비록 멀리 떨어져 있지만, 마음이 잘 맞는 친구인 것 같아. 나도 우리나라에서 비치코밍을 하는 사람을 찾아봤어. 다행히 우리나라에서도 바다 쓰레기를 줍는 활동에 대한 관심이 점차 커지고 있대. 정말 기쁜 소식이지? 그중에서도 우리나라의 아름다운 섬 제주도에서 '재주도좋아'라는 이름으로 비치코밍 활동을 하는 사람들을 만나 보자.

재주도좋아

이름도 재미있는 '재주도좋아'는 제주도를 좋아하는 재주 좋은 예술가들이 모여서 만든 문화예술단체야. 이 단체는 사회적으로 가치 있는 활동을 통해 영리를 추구하는 사회적 기업이라고 할 수 있어. 아름다운 휴양지로 알려진 제주도 바다도 늘어나는 바다 쓰레기 때문에 몸살을 앓고 있으니, 그 문제를 해결하기 위해 뜻이 맞는 사람들이 모인 거야.

2013년에 시작된 재주도좋아는 바다 환경에 관심 있는 예술가들을 제주도로 초대해, 제주도 바다를 둘러보는 시간을 가질 수 있도록 지원했어. 예술가들은 바다를 산책하며 바다 쓰레기를 줍고, 조사하고, 연구하면서 예술적인 영감을 얻었지.

조각가들은 바다 쓰레기로 하르방과 해녀를 만들었고, 공예가들은 바다 유리로 반지나 목걸이 같은 예쁜 장신구를 만들고 말이야. 음악가와 연주자들은 바닷가에서 주운 부표와 플라스틱 통, 표류목으로 악기를 만들었어. 비치코밍 활동으로 영감을 얻어서 만든 노래는 〈바라던 바다〉라는 앨범으로 제작했지. 감귤 농장 창고를 개조해 만든 '빤짝빤짝 지구상회'라는 판매장도 있어. 비치코밍 공예품을 사기도 하고, 만들어 볼 수 있는 곳이야.

재주도좋아는 제주도에만 머물지 않고 전국의 해변을 찾아다니고 있어. 비치코밍을 통해 바다 쓰레기가 멋진 작품이 된다는 메시지를 가지고 전시와 공연, 캠페인을 진행하고 있지. 바다 쓰레기의 심각성을 무섭게 경고하는 게 아니라, 먼저 바다에 나가 쓰레기를 줍는 재주도좋아만의 방식으로 접근하는 거야. 자연스럽게 많은 사람들이 함께할 수 있도록 노력하고 있어.

ⓒ재주도좋아

① 비치코밍 활동으로 얻은 재료로 작품을 만들어서 전시하고 있어.
② 비치코밍으로 영감을 받고 만든 노래를 공연하는 모습이야.
③ 바다 쓰레기로 세상에 하나뿐인 악기도 만들 수 있지.
④ 빤짝빤짝 지구상회에서 비치코밍 작품을 만들어 볼 수 있어.

홈페이지: www.jaejudojoa.com
이메일: jaejudojoa@gmail.com
페이스북: www.facebook.com/jaejudojoa
트위터: twitter.com/jaejudojoa
인스타그램: @jaejudojoa

DIY 조개껍데기 캔들

바닷가에서 큰 조개껍데기를 주웠다고? 그럼 캔들을 만들어 보자. 캔들을 켜면 공기 중에 있는 안 좋은 냄새를 제거해 주고 습기 제거에도 아주 좋아. 게다가 겨울철에 캔들을 켜면 따뜻한 기분을 만끽할 수 있지. 조개껍데기 캔들로 바다의 감성을 느껴 보자.

준비물

큰 조개껍데기   소이왁스   심지   소이왁스를 녹일 컵   에센셜 오일

Tip 소이왁스는 콩기름에서 추출한 천연 재료로 만든 왁스이기 때문에 환경 오염 걱정이 없어.

만드는 순서

① 큰 조개껍데기를 골라 깨끗하게 씻은 후 잘 말려.

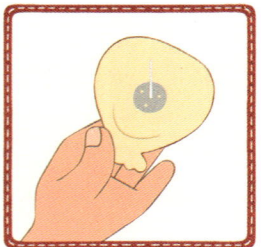

② 조개껍데기를 뒤집은 다음 심지를 가운데에 올려.

③ 소이왁스를 컵에 넣고 50~60도 정도로 녹여. 온도계가 없다면 전자레인지로 1분씩 상태를 확인하며 다 녹을 때까지 돌리면 돼.

(종이컵을 사용하면 편리하겠지만, 환경을 생각해서 재활용이 가능한 컵을 사용하자!)

④ 좋아하는 향의 에센셜 오일을 몇 방울 넣고 저어. 만약 에센셜 오일이 없다면 이 단계는 건너뛰어도 괜찮아.

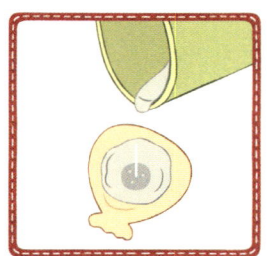

⑤ 조개껍데기에 녹은 소이왁스를 부어. 넘치지 않도록 조심조심!

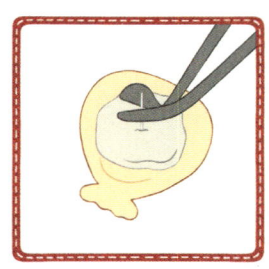

⑥ 소이왁스가 완전히 굳을 때까지 기다렸다가, 심지를 적당한 크기로 잘라 주면 돼.

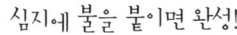

심지에 불을 붙이면 완성!

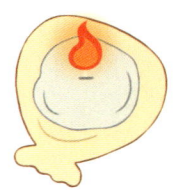
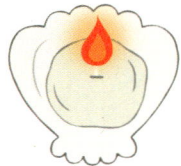

4장
에코 아저씨와의 만남

부산 해운대는 매년 수백만 명의 관광객이 찾아오는 곳이에요.
그만큼 쓰레기도 정말 많아요. 골치 아픈 바다 쓰레기를
새롭게 변신시키고 있는 에코 아저씨를 만나러 가 봅시다!

파라솔 재활용 사업은
에코에코에서 가장
심혈을 기울이고 있는 사업이야.

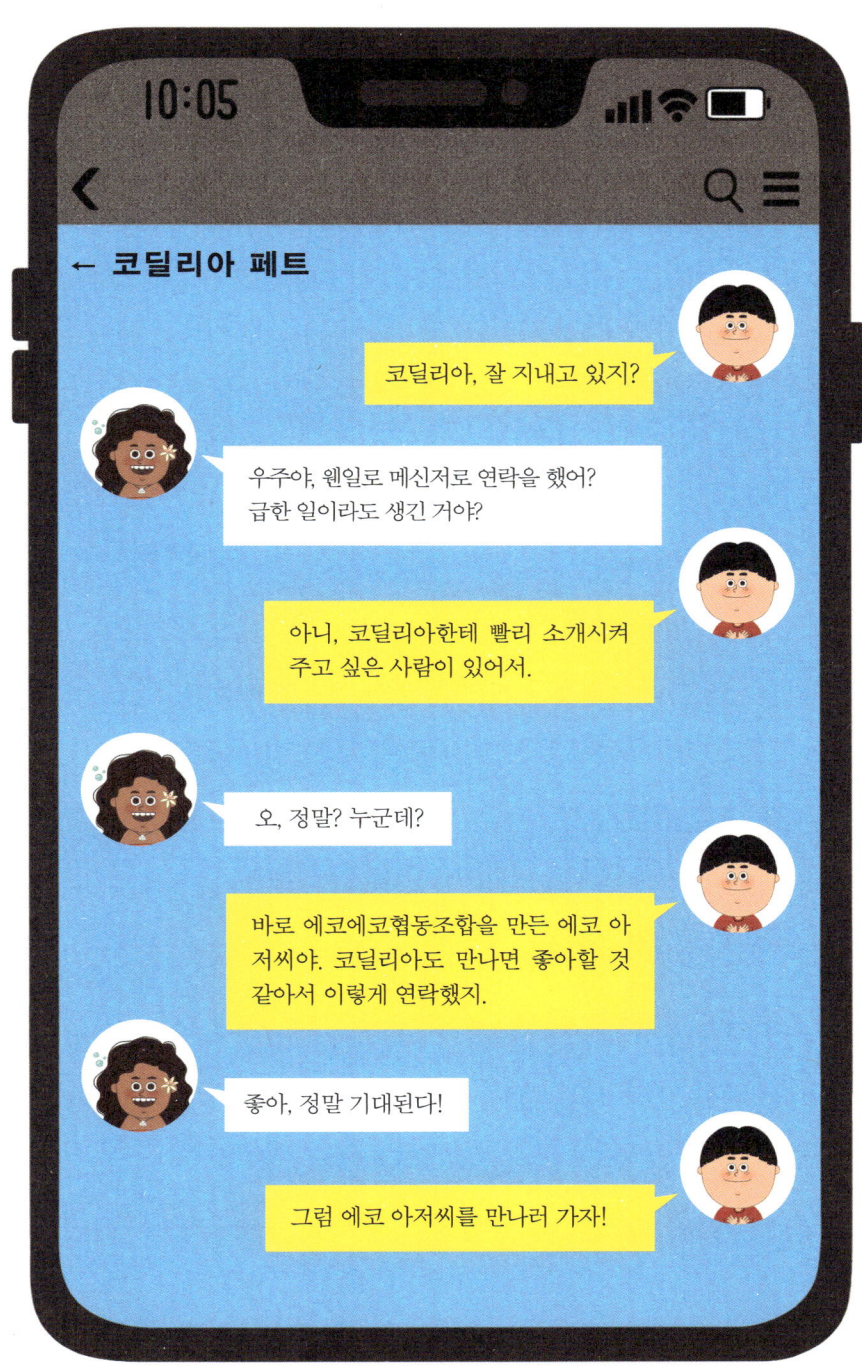

에코 아저씨와 에코에코협동조합

 여러분, 안녕? 나는 에코 아저씨라고 해. 환경에 관심이 많은 친구들을 만나게 되어 정말 기뻐.

간단히 내 소개를 하자면, 해운대에서 '바다상점'을 운영하고, '에코에코협동조합'을 만들었단다. 이 협동조합은 2015년, 바다 쓰레기의 심각성을 깨닫고 환경보호를 위해 만들었어. 개인보다는 많은 사람들이 모여 조직적으로 움직이면 큰 성과를 낼 수 있기 때문이야.

이름이 특이하지? '에코에코'는 환경을 뜻하는 'eco'와 메아리라는 뜻의 'echo'를 합해 만들었단다. '협동조합'은 같은 목적을 가진 조합원들이 모여 서로 돕는 협동의 방식으로 운영하지. 조합원들의 이익을 추구하면서도 지역사회의 공동 가치를 추구하는 것이 다른 회사와 다른 점이야.

세계적으로 유명한 협동조합으로는 리오넬 메시가 소속된 축구팀 'FC 바르셀로나', 오렌지 회사 '썬키스트', 키위 회사 '제스프리' 등이 있어. 우리나라에는 '서울우유'를 비롯한 친환경 농산물을 판매하는 회사들이 협동조합의 형태로 설립되었지.

이제 에코에코협동조합(이하 에코에코)에서 하는 일들을 소개해 줄게.

마을기업

에코에코는 2015년, 행정안전부로부터 창업 지원을 받고 '해운대 마을기업'이 되었어. 지역사회를 위한 마을공동체 기업으로의 출발이었지. 22명의 조합원들은 해운대의 역사와 환경, 주민들의 생활과 활동에 어울리는 사업을 구상하기 시작했어. 해운대에 무엇이 필요하고, 무엇을 해야 할지 조사도 하고, 공부도 많이 했단다.

해운대는 부산에서 인구가 가장 많은 지역이야. 많은 사람들이 모여 사는 도시라 배출하는 쓰레기도 아주 많지. 특히 아직 쓸 만한 것들도 많이 버려지고 있더라고. 그런 쓰레기를 재사용한다면 환경보호도 할 수 있고, 쓰레기도 줄일 수 있다는 생각에 쓰레기 재활용 사업을 시작한 거야.

2015년 10월에는 해운대구에서 주관하는 창업 아이디어 공모전에서 1등을 했어. 바다 쓰레기를 줍는 활동을 통해 공공부문 일자리를 늘리고, 바다 쓰레기를 재활용한 기념품을 제작하자는 아이디어였지.

고철 재사용

• 고철인 쇠파이프를 활용해서 만든 스피커 증폭기

처음에는 해운대에 있는 고물상을 돌아다니면서 다시 사용해도 될 만한 쇠파이프나 배관 연결 부품 같은 고철을 모았어.

물론 고철은 용광로에 넣어 다른 용도의 철물을 제작할 수도 있어. 하지만 그렇게 하면 또 다른 자원이 낭비돼. 용광로가 있는 곳까지 운송비가 들고, 용광로에서 고철을 녹이려면 전기나 석유로 화력을 일으켜야 하니 많은 에너지가 소모되고 말이야. 그럼 또 환경에 안 좋은 영향을 미치게 되지. 상태가 좋거나 쓸모 있는 고철을 재사용하면 돈도 절약하고 환경도 보호할 수 있어.

고물상에서 수거한 고철 부품을 풀고, 잘라내고, 닦고, 조여서 탁상용 조명 기구, 옷걸이, 로봇 모형, 진열장, 스피커 증폭기 등 근사한 인테리어 소품을 만들었어. 정말 멋지지?

폐목재 재활용

우리가 고철 다음으로 관심을 가진 것은 폐목재야. 목재가 일회용으로 쓰이는 건 정말 안타까운 일이야. 왜냐하면 나무를 심고 가꾸어 목재로 사용하려면 적어도 30~40년의 시간이 필요하거든.

나뭇잎은 광합성을 통해 이산화탄소를 흡수하고, 산소를 배출해 공기를

• 패목재로 만든 책꽂이

맑게 해 줘. 낙엽은 갑자기 많은 비가 내릴 때 빗물을 흡수하여 홍수를 막아 주고, 나무의 뿌리는 땅을 움켜쥐어 산사태도 막아 주지. 그리고 나무에 열리는 열매와 과일들은 동물과 사람들에게 먹을 것을 제공해 줘. 어때? 나무를 쉽게 버리는 건 절대 안 되겠지?

길거리에 홍보를 위해 잠시 내걸리는 현수막 양쪽에는 현수막을 지탱하는 나무 막대기가 꽂혀 있어. 해운대에서만 일 년에 3만 개 이상의 현수막이 버려지고 있대. 그럼 막대기는 그 두 배인 6만 개야. 이 막대기를 재활용할 수 있다면, 그것은 숲을 가꾸고 나무를 심는 것과 마찬가지의 효과라고 볼 수 있지. 목재 재활용은 도시의 아스팔트 위에서 흙 한 줌 없이도 할 수 있는 도시임업이라고 생각해.

• 해수욕장에 버려진 튜브로 만든 지갑

물놀이 튜브

해수욕을 즐길 수 있는 해운대에는 튜브도 정말 많아. 매년 8천 장 이상의 튜브가 버려지고 있어. 튜브는 공기를 넣어서 사용하기 때문에 작은 구멍이라도 나면 버릴 수밖에 없거든. 게다가 튜브는 플라스틱 중에서도 가장 골치 아픈 재료인 폴리염화비닐(PVC)로 만든 제품이야. 폐기하기 쉽지 않기 때문에 튜브를 재활용할 방법이 꼭 필요하지.

튜브는 재질이 튼튼하고 방수가 되기 때문에 재활용하기 정말 좋은 재료야. 교통카드 지갑, 필통, 젖은 물건을 담는 물놀이 가방, 여행용 목 베개 등 다양한 용도의 제품을 만들 수 있지.

• 파라솔을 재활용해 만든 에코백

파라솔 재활용

여름 휴가철이 되면 해운대 모래사장에 끝없이 펼쳐진 파라솔을 본 적 있을 거야. 하지만 여름 한철이 지나면 그 많은 파라솔이 다 버려지고 있었지.

이 파라솔 재활용 사업은 에코에코에서 가장 심혈을 기울이고 있는 사업이야. 파라솔은 면이라 촉감도 좋고, 색깔이 다양해 디자인이 예쁜 제품을 만들 수 있거든.

우리는 버려지는 파라솔을 깨끗이 세탁한 다음, 가방, 모자, 지갑, 필통, 실내화 등으로 만들었어. 게다가 해운대를 찾아온 외국인 관광객들에게는 '해운대'라는 글자를 비롯한 한글이 써 있는 가방이라 아주 특별한 기념품이 되지.

돗자리 대여사업

• 버려진 현수막 천으로 만든 돗자리

일 년에 해운대 해수욕장에 버려지는 돗자리는 대략 2만 장 정도야. 양도 어마어마하고, 썩지 않아 꼭 재활용이 필요한 제품이지. 그래서 에코에코는 돗자리를 빌려주는 일을 시작했어.

돗자리 재료는 버려지는 현수막 천을 사용했는데, 가볍고, 방수도 되고, 모래도 잘 묻지 않는 특성이 좋았어. 현수막 천도 잠시 홍보가 끝나면 버려지는 물건이니까 아주 좋은 아이디어지?

돗자리를 사는 것보다 빌려 쓰면 돈도 아끼고 쓰레기도 줄이니 일석이조인 셈이지. 대여료는 5천 원이지만, 반납하면 4천 원을 돌려주고 있어. 그럼 함부로 버려지는 일이 없거든. 천 원으로 마음껏 돗자리를 사용할 수 있기 때문에 많은 사람들이 이용하고 있어.

에코에코의 비치코밍

　　에코에코는 모래사장에 버려지는 쓰레기들을 재활용하면서 변화의 씨앗을 발견했어. 그래서 해변에서 한 걸음 더 나아가 바다로 다가갔지. 세계적으로 바다로 흘러 들어가는 플라스틱 쓰레기 때문에 많은 문제가 되고 있듯이 해운대도 같은 상황이거든. 그래서 아저씨는 조합원들과 함께 해변을 다니며 파도에 밀려온 쓰레기를 줍는 비치코밍 활동을 시작하게 된 거야.

　해운대는 바다 환경에 가장 민감하게 반응하는 도시야. 넓은 해수욕장과 더불어 해양 레저 시설과 휴양 시설이 갖추어져 있어 일 년 내내 많은 관광객이 찾는 곳이거든. 바다를 즐기기 위한 방문객이 가장 많은 곳이니 바다의 환경에 크게 의존할 수밖에 없어.

비치코밍 활동을 통해 바다 쓰레기에 관한 이해와 경각심을 전파하는 일은 해운대 마을기업이 꼭 해야 하는 사업이라고 할 수 있지. 비치코밍과 관련해 에코에코에서 진행한 일들을 하나씩 소개해 줄게.

• 해운대의 모든 것을 품은 '바다상점'

바다상점

에코에코는 2016년부터 해운대 해수욕장 관광안내소에서 해운대구의 관광 기념품 홍보관인 '바다상점'을 운영하고 있어.

상점 내부를 꾸밀 때부터 재활용품 매장의 특성을 갖추려고 고민을 많이 했어. 화물운반용 파레트나 현수막 막대기, 가구 공장이나 공사장에서 사용하고 남은 자투리 나무 등을 수집해서 진열장을 만들었지. 또한 아무렇게나 버려진 낡은 가구를 주워 와 수납공간으로 재활용하기도 했어. 고물상에서 구해 온 쇠로 만들어진 컨테이너 문짝은 자석 기념품을 부착하는 진열장이 되었고, 폐자전거 손잡이를 벽에 걸어 모자걸이로 활용했지.

바다상점에는 엽서나 열쇠고리, 냉장고 자석 같은 해운대구의 기념품을 판매하기도 하고, 비치코밍 활동으로 구한 바다 쓰레기로 만든 특이한 기념품도 팔고 있어.

• 소라껍데기 양초와 테트라포드 모양의 양초

양초코밍

에코에코에서 운영하는 바다 상점에서는 바닷가에 함부로 버려진 양초를 새롭게 만들어 보는 체험을 할 수 있어. 바닷가에 양초라니 뜬금없지?

경치 좋은 바닷가에는 소원을 비는 사람들이나 사랑하는 연인들이 꿈을 이루기 위해 양초를 피우는 일이 많아. 특히 무속인들이나 불공을 드리는 사람들이 양초를 많이 태워.

경주에 있는 신라 문무왕의 수중 왕릉인 대왕암처럼 신령한 기운이 있다고 여기는 곳이나, 해운대 동백섬처럼 유서 깊은 곳, 경포대나 정동진처럼 풍광이 뛰어난 바닷가에 가면 어김없이 양초 쓰레기가 많이 나뒹굴고 있지.

갯바위에 눌어붙은 양초 쓰레기를 조심조심 뜯어 와서 냄비에 넣고 열을 가하면 불순물은 가라앉고 투명한 파라핀 액이 만들어지지. 이렇게 만들어진 파라핀 액을 양초 만드는 틀이나 조개껍데기에 부어서 식히면 새로운 양초가 되는 거야.

꽃 모양, 동물 모양 테트라포드 모양 등 다양한 모양의 양초를 만들어 볼 수 있는데, 정말 근사해. 양초는 꼭 불을 켜지 않아도 멋진 장식품이 되지.

바다유리와 표류목

• 바다유리와 표류목 등 비치코밍을 통해 얻은 물건들

비치코밍을 하면서 주운 바다유리와 표류목 등은 예쁜 기념품이 될 수 있단다.

바다유리는 바다에 버려진 유리 조각이 파도와 모래에 휩쓸리면서 마모가 된 것인데, 자연스럽게 닳은 모양이 보석처럼 예뻐.

형형색색 작은 조각의 바다유리를 작은 병에 담으면 그 자체로 바다를 추억하는 기념품이 되지. 여러 가지 모양과 색깔의 작은 유리조각을 액자에 붙이면 멋진 모자이크 작품을 만들 수 있어.

바다를 떠다니다가 파도에 마모된 나무인 표류목도 아주 쓸모가 많은 재료야. 사람 손으로 다듬은 게 아니라, 파도에 의해 마모된 나무의 표면은 자연스러운 느낌을 주거든. 독특한 모양의 크기가 큰 표류목은 그 자체로 하나의 작품이 될 수도 있고, 작은 표류목은 이어 붙여서 다양한 모습으로 만들 수 있어. 바다상점에는 표류목으로 만든 뗏목이나 돛단배 모형도 전시해 두었어.

광고 협찬 사업

마을기업인 에코에코에서는 사회공헌을 위한 노력도 하고 있어. 폐지를 주워 생활하시는 저소득층 어르신들의 수레에 광고를 붙이고, 광고비를

• 에코에코협동조합 광고가 붙은 폐지 수레

지급하는 사업을 해운대구에 제안하였지.

이분들은 폐지 수집을 통해 생계유지는 물론 자원 재활용이라는 공익적인 활동을 겸하는 셈이야. 특히 휴가철에 해운대 해수욕장에는 어마어마한 쓰레기가 나와. 물론 분리배출도 제대로 되지 않지. 이분들 덕분에 구분 없이 버려진 온갖 쓰레기가 어느 정도 분리수거가 될 수 있는 거야.

하지만 밤낮없이 일해서 한 수레를 가득 채워도 몇천 원 받기도 힘들어. 폐지 30㎏을 모아 팔아도 천 원도 받지 못한다고 해. 에코에코의 제안을 받아들인 해운대구에서는 폐지 수레에 광고를 실을 광고주를 모집하고, 광고주로부터 받은 광고비를 수레 주인들에게 지급하고 있어. 광고비는 월 5만 원 정도야.

비치코밍 활동

에코에코에서는 한 달에 한 번씩 해운대에서 비치코밍 활동을 해. 바다의 쓰레기를 치워야겠다는 의무감도 있지만, 비치코밍을 하다가 쓸 만한 물건을 찾는 재미도 쏠쏠해. 보물찾기를 하는 기분이랄까? 상쾌한 바닷바람과 바다 풍경을 보는 즐거움도 만끽할 수 있지.

• 바다를 지키기 위해 비치코밍을 하는 멋진 사람들

물론 스티로폼 부표를 비롯해 낚시 도구, 페트병, 라이터, 장화, 그물, 먹다 남은 음식물 등 쓰레기를 줍는 건 정말 힘든 일이야. 게다가 쓰레기 가득한 해변에 도착하면 인상부터 찡그리게 돼. 냄새가 좋지 않거든. 그래도 바닷가 구석구석의 쓰레기를 한가득 줍고 돌아오는 얼굴들은 무척 밝아. 이런 모습을 보면 비치코밍 활동을 더 확대시켜야 한다는 의무감이 들어.

에코에코가 비치코밍 활동을 한다는 소문이 났는지, 함께 비치코밍을 하자는 제안을 받기도 해. 환경에 관심이 많은 협동조합, 교회, 학교 선생님들, 봉사활동 단체 등 아주 다양한 분들에게 연락이 오지. 이렇게 점점 참여하는 사람들이 늘어나니까 정말 뿌듯해.

• 비치코밍으로 모인 쓰레기를 처리하는 모습

해운대 비치코밍의 날

비치코밍 활동을 좀 더 확대하기 위해 더욱 많은 사람들이 참여하는 축제의 장을 기획했어. 2017년 4월 15일을 '해운대 비치코밍의 날'로 정했지.

당일 접수자를 포함해 170여 명이 청사포 해변의 바다 쓰레기를 주웠어. 참가자들에게 폐현수막으로 만든 50리터 크기의 수거용 봉투를 나누어 주었고, 바다 쓰레기를 가득 채워 오면 에코에코에서 만든 에코백과 교환해 주었어.

이날 수거된 바다 쓰레기는 대략 5톤이었어. 바다를 사랑하는 사람들과 환경 오염에 관심이 많은 사람들이 모여 바다 쓰레기를 줍고 뜻을 나누는 의미 있는 시간이었지. 직접 주운 쓰레기를 앞에 두고 기념사진을 찍는 참가자들에게도 무척 뜻깊은 날이었을 거야. 사람들이 자발적으로 모여서 바다 쓰레기를 줍는 활동이 꾸준히 진행될 수 있도록 많은 관심이 필요해.

해운대 비치코밍 페스티벌

2018년 가을에는 '해운대 비치코밍 페스티벌'을 열었어. 해수욕장에 커다랗게 전시장을 꾸며서 보다 많은 시민들에게 바다 쓰레기의 위험성을 알릴 수 있었지.

• 버려진 튜브로 만든 돔 형태의 전시장

여름 휴가 시즌이 끝나고 해수욕장에 남은 폐튜브를 활용해 커다랗고 둥근 돔 모양으로 전시장을 지었어. 지름 20m, 높이 10m나 되는 큰 구조물이이라서 제작하는 데 많은 어려움이 있었지만, 여러 사람이 힘을 모아 만들 수 있었어. 기술자들이 돔을 지탱할 쇠파이프를 자르고, 용접하고, 나사로 조이는 동안 에코에코 조합원들과 자원봉사자들은 700여 개의 튜브에 공기를 주입하고 튜브를 매다는 일을 도왔어.

일주일간의 작업이 끝나고 돔이 설치되자 많은 관람객들이 찾아왔지. 돔 내부는 바다 쓰레기의 심각성을 알리는 전시장으로 꾸몄어. 폐그물로 바다거북 모양의 조형물을 만들고, 플라스틱 쓰레기로 몸살을 앓는 바다 환경의 실태를 보여 주는 사진과 정보를 전시하고, 바다 쓰레기로 만든 공예품을 전시했어. 어린이들을 위해 모래놀이 장난감도 준비해 두었는

• 비치코밍 관련 작품과 안내문으로 채운 전시장 내부

데, 이 장난감은 지난여름 해수욕장에 버려진 장난감을 활용한 거였지.

관람객들은 전시된 글과 사진을 찬찬히 읽으며 플라스틱 문제의 심각성에 공감하고, 의견을 나누기도 했어. 해수욕장의 뜨거운 햇살을 피해 커다란 평상에 앉아 쉬었다 가기도 하고, 튜브를 이어서 만든 돔의 조형미를 감상하고 사진을 찍으며 즐거워했어.

외국인들도 많이 찾아왔는데, 전시장에 미처 영어 안내문이 준비되어 있지 않아 아쉬웠지. 다음에는 외국인을 위한 중국어, 일본어, 영어 안내문도 만들어야겠어.

해운대구에서 일하는 공무원들과 구의회 의원들도 전시장을 방문했어. 나랏일을 하고, 정책을 만드는 공직자들이 바다 쓰레기와 비치코밍에 관심을 갖는다면 바다 환경이 개선되는 속도가 더 빨라질 거야.

방문객들의 호응과 해운대구의 관심으로 전시 기간은 2주에서 한 달로 늘어났어. 한번 쓰고 버려지는 튜브를 재활용해서 전시장을 짓고, 바다 쓰레기로 조형물을 만들어 전시하는 비치코밍 축제는 매우 뜻깊은 활동으로 평가를 받았어.

강연 활동

비치코밍이라는 활동을 알리기 위해 강연 활동도 열심히 하고 있어. 아저씨가 직접 학교에 가서 학생들을 만나기도 하고, 에코에코로 찾아오는 분들께 강연도 하고 있지.

이런 강연을 통해서 많은 사람들이 관심을 갖기를 바랄 뿐이야. 특히 규칙을 제정하거나 합리적인 제도를 만드는 사람들이 심각성을 깨닫고 바꾸려고 노력했으면 좋겠어.

물론 어린이들이 커서 연구원, 과학자, 발명가가 되어 플라스틱 문제를 해결할 방법을 찾아내도록 격려하는 일이 중요한 건 말할 필요도 없겠지?

부산의 동쪽 끝에 위치한 해운대는 세계 지도에서는 흔적도 찾아볼 수 없는 작은 지역이야. 에코에코는 비록 작은 지역이지만, 바다 쓰레기 문제에 도전하는 마을기업으로 성장하고 있어. 앞으로도 열심히 꾸려 갈 생각이란다.

바다를 가꾸는 활동이 지속성을 갖고 보다 나은 성과를 내려면 학교를 통해 인재를 키워야 하고, 지속 가능한 수익을 창출해야 한다고 생각해. 그래서 에코에코는 두 가지 사업을 준비 중이야. 첫째는 비치코밍 학교를 설립하는 것이고, 두 번째는 비치코밍 청소 회사를 만드는 일이지.

비치코밍 학교에서는 바다 쓰레기를 줍는 실천 활동을 배울 뿐만 아니라 비치코밍을 통해 영감을 얻어 공예품이나 예술 작품을 만드는 작가 수업을 할 생각이야. 그리고 바다 환경에 관한 과학적인 공부를 통해 바다 환경을 개선할 창조적인 전문가를 양성하는 그런 학교를 만들고 싶어.

비치코밍 청소 회사는 매일 길거리의 쓰레기와 가정에서 배출하는 쓰레기를 치우는 청소 회사처럼 바다 쓰레기를 수거하는 일을 하는 거야. 단순히 이익만을 추구하는 게 아니라, 바다를 정성스럽게 가꾸는 회사가 될 수 있도록 준비 중이야.

지구 면적의 70%는 푸른 바닷물로 넘실거리고 있어. 푸른 바다는 말 그대로 블루오션, 즉 가장 큰 가능성의 공간이 아닐까? 아저씨는 바다가 인류의 가장 큰 보물 창고라고 생각해. 그래서 더 가꾸어 나가려고 노력하고 있지.

우주와 코딜리아 공주야, 아저씨 얘기를 들어줘서 고맙구나. 아저씨는 에코에코와 바다상점을 운영하느라 눈코 뜰 새 없이 바쁜 시간을 보내고 있어. 몸은 고단하지만 비치코밍을 시작하는 분들이 늘어날 때마다 작은 희망도 쌓이고 있지.

특히 환경에 관심이 많은 우주와 태평양을 지키는 코딜리아 공주를 만나게 돼서 정말 기뻐. 그 관심이 꺼지지 않도록 우리 함께 노력하자.

그럼 아저씨는 바빠서 이만 안녕!

해운대에 오게 되면 꼭 바다상점에 들리기로 약속해.

DIY 표류목 냄비받침

바닷가에서 구할 수 있는 보석이 또 있어. 바로 표류목이야. 표류목은 바다를 떠다니다 파도에 마모된 나무를 말해. 자연이 다듬었기 때문에 그 자체로 굉장히 자연스럽고 매력적인 재료이지. 플라스틱으로 만든 냄비받침은 이제 사지 말고, 표류목으로 만든 멋진 냄비받침을 만들어 보자.

l 준비물

표류목   노끈   사포

Tip 표류목을 고를 때 냄비받침은 평평한 게 중요하니까 최대한 두께를 비슷하게 맞추는 게 좋아.

l 만드는 순서

① 바닷가에서 주운 **표류목**을 깨끗하게 씻어. 깨끗한 물에 1시간 정도 담가 두는 것도 좋아.

② 바람이 잘 통하는 곳에서 하루 정도 말려 줘.

③ 두께가 비슷한 표류목을 골라 가로, 세로 15㎝ 정도가 되도록 나란히 내려놔.

④ 노끈으로 표류목을 엇갈리게 하나씩 칭칭 감아.

⑤ 날카로운 부분과 양끝을 사포로 부드럽게 갈아 줘. 보기 싫게 튀어나온 부분이 있으면 어른들의 도움으로 톱질을 하는 것도 좋아.

⑥ 자연 그대로의 표류목 냄비받침 완성!

5장
우리들의 작은 실천

바다로 흘러 들어가는 수백만 톤의 바다 쓰레기들을 처리하려면 어떻게 해야 할까요? 절대 한두 사람의 노력으로 바뀔 수 없어요. 나 먼저 아주 작은 것부터 실천하는 것이 중요하지요.

플라스틱 문제는 아주 심각하지만,
우리의 작은 실천이 모이면
해결할 수 있어.

세계 곳곳에서 시작된 지구인들의 노력

전 세계적으로 바다 쓰레기에 관한 관심은 점점 커지고 있어. 세계 곳곳에서는 정부를 비롯한 환경 관련 시민단체가 나서서 쓰레기에 몸살을 앓고 있는 바다를 위해 많은 노력들을 하고 있지. 자, 그럼 다른 나라에서는 어떤 활동을 하고 있는지 한번 살펴볼까?

플라스틱 쓰레기로 만들어진 배

먼저 충격적인 이야기 하나 해 줄까? 전 세계에서 생산된 83억 톤의 플라스틱 중 단 9%만이 재활용되고 있대. 12%는 소각되었고, 79%는 땅속에 묻히거나 함부로 버려져 바다로 흘러 들어갔어. 한 번 사용 후 쓸모가 끝나 버리는 것이 현실이야.

　그래서 케냐의 벤 모리슨(Ben Morison)은 '플립플라피(FlipFlopi)'라는 프로젝트를 시작했어. 이 프로젝트는 케냐 해변에 버려지고 있는 엄청난 양의 플라스틱을 이용해 배를 만드는 거야. 이 배로 케냐의 라무에서 탄자니아의 잔지바르까지 아프리카 해안선을 따라 약 $500km$를 이동하며, 플라스틱 쓰레기에 대한 생각을 바꾸는 것이 목표야.

　해변에 모인 플라스틱 쓰레기로 만든 케냐의 전통 배 다우(Dhow)는 길이가 9m나 되고, 폐기된 플라스틱 10톤으로 만들어졌어. 플라스틱을 재활용해서 만드는 최초의 배인 셈이지. 알록달록한 이 배를 보며 전 세계 사람들이 아름다운 색깔에서 영감을 얻고, 플라스틱 쓰레기를 다른 용도로 사용할 수 있는 방법을 찾길 바라고 있어.

비닐봉지 절대 금지

비닐을 먹은 동물들이 질식사하거나 병에 걸리는 등 문제가 심각해지자 아프리카 대륙에서도 플라스틱 사용을 줄이려고 나섰어. 일부 국가에서는 비닐봉지 생산과 사용을 전면 금지했어.

이집트, 가나, 케냐, 카메룬, 모리타니, 모로코, 르완다, 나이지리아, 남아프리카 공화국, 탄자니아는 플라스틱 퇴출을 앞장서서 추진하고 있어. 보츠와나와 에티오피아 등 다른 국가들도 그 뒤를 따르고 있지.

참고로 케냐에서는 2017년부터 비닐봉지를 팔거나 수입하다 적발되면 징역형이나 4천만 원이 넘는 엄청난 벌금을 부과하고 있대. 무시무시한 처벌이지?

• 생명력을 잃은 산호초의 모습

푸른 바다의 산호초를 살리자

바다에서 수영이나 스노클링을 할 때 피부를 보호하기 위해 바르는 선크림이 산호초와 바다 생물을 죽일 수도 있어. 선크림에는 화학물질인 옥시벤존과 옥티노세이트가 함유되어 있거든.

과학자들의 연구 결과에 따르면 이 두 성분이 산호초의 색을 옅어지게 할뿐만 아니라, 하얗게 되는 '백화 현상'을 발생시키고, 결국 죽게 만들 수 있대. 게다가 바다 생물에는 유전자 변형을 유발한다고 해.

미국의 하와이주에서는 산호초의 절반 이상이 선크림 때문에 죽어 가고 있어. 그래서 2021년부터 옥시벤존과 옥티노세이트가 포함된 선크림의 판매를 금지하는 법안을 통과시켰어.

한국에서도 화장품에 옥시벤존의 함량을 5%로 규정하고, 옥티노세이트는 7.5% 이하로 사용하도록 하고 있지만, 더 강력한 제재가 필요해.

• 플라스틱 쓰레기로 가득한 발리섬

쓰레기 몸살을 앓고 있는 발리섬

인도네시아의 발리섬은 세계적인 관광 명소야. 그런데 이 아름다웠던 발리섬의 바다가 쓰레기로 몸살을 앓고 있어.

한 스킨스쿠버 전문가가 발리에서 찍은 영상이 공개되면서 사람들에게 어마어마한 충격을 주었지. 산더미 같은 쓰레기 섬이 바다 위를 메우고 있었거든. 바닷속에서는 플라스틱 컵, 페트병, 비닐, 빨대 등이 떠다니고 그 사이를 물고기들이 헤엄치고 있었어. 이대로 방치하면 앞으로는 바다에서 물고기와 다양한 생물 대신에 각양각색의 쓰레기를 볼 수 있게 될지도 몰라.

이런 심각한 상황이 되자, 발리 주정부는 비닐봉지, 스티로폼, 플라스틱 빨대의 사용을 금지한다는 규제를 내놓았어. 사실상 일회용 플라스틱 제품 사용을 전면 금지한 것이나 다름없지. 발리 주지사는 바다 쓰레기가 일 년 이내에 70% 이상 줄어들 것이라고 예측하고 있어.

폐쇄 조치가 내려진 보라카이섬

발리섬만큼이나 유명한 필리핀의 보라카이섬은 하루 평균 7만 명의 관광객들이 찾는 휴양지였어. 에메랄드빛 바다와 드넓은 모래사장으로 많은 사랑을 받았지.

하지만 매일매일 70톤이 넘는 쓰레기가 발생했어. 쓰레기 대부분은 플라스틱 용기였지. 결국 필리핀 정부는 2018년 4월, 섬을 폐쇄했어. 6개월간의 정비를 마치고 10월에 다시 문을 연 보라카이는 예전의 아름다운 모습을 되찾아가고 있어.

필리핀 정부는 보라카이섬을 지키고자 많은 제재를 마련했지. 하루 관광객 수용 인원을 19,000여 명으로 대폭 줄였어. 또 정부가 허가한 숙박 시설만 이용해야 하고, 해변에서 술을 마시는 행위나 해양 레저 활동도 제한했어. 친환경 전기차도 100%로 늘리겠다는 목표를 세웠지.

보라카이섬의 폐쇄 조치는 인간들의 이기심 때문에 아름다운 섬을 잃을 뻔한 안타까운 일이야. 앞으로 인간과 자연이 어떻게 공존하며 살아야 하는지 깊은 고민이 필요해.

이밖에도 세계의 각 나라는 미세 플라스틱의 심각성 때문에 관련 규제를 내놓고 있어. '죽음의 알갱이'라고 불리는 미세 플라스틱은 5㎜ 이하의 고체 플라스틱 알갱이야. 이 작은 알갱이는 환경 오염을 일으킬 뿐만 아니라, 바다 생태계에 잔류해 생태계를 파괴하는 무시무시한 괴물이지.

미국에서는 2015년, '마이크로비즈 청정해역 법안'이 통과되면서 물로 씻어내는 제품에 미세 플라스틱을 사용할 수 없도록 했어. 스웨덴에서는 화장품에 미세 플라스틱 사용을 금지하기로 했지. 영국도 플라스틱 빨대 사용을 전면 금지하는 방안을 추진하며 플라스틱 폐기물 감축을 본격적으로 시작했어. 캐나다 밴쿠버시와 스위스 일부 도시에서도 비슷한 정책을 만들고 있어.

유럽연합(EU)도 면봉, 빨대, 식기 등 10가지 제품을 만들 때 플라스틱 대신 친환경적인 대체 물질을 사용하도록 하는 계획을 내놓았어. 또 2025년까지 일회용 플라스틱병의 90%를 수거하도록 규제하는 방안도 추진하고 있지.

이렇게 세계는 지금 플라스틱과 전쟁을 선포한 것과 마찬가지야. 우주야, 한국에서는 플라스틱을 줄이기 위해 어떤 일들을 하고 있니?

우리나라에서도 '재활용 폐기물 관리 종합대책'을 마련했어. 2030년까지 플라스틱 쓰레기를 반으로 줄이는 계획이지. 불필요한 이중 포장을 금지하고 과대 포장도 규제했어. 또한 모든 생수와 음료수용 페트병도 무색으로 전환하기로 했지. 미국과 스웨덴처럼 세안제와 스크럽제 같은 화장품과 치약에 미세 플라스틱을 넣지 못하도록 하고, 미세 플라스틱이 들어간 물건은 판매를 금지하기로 했어.

일회용 플라스틱 컵 사용금지

• 일회용 플라스틱 컵 사용 금지를 알리는 안내판

햄버거를 파는 패스트푸드점과 커피와 음료를 마시는 카페에서 절대 사용하면 안 되는 게 있어. 바로 일회용 플라스틱 컵이야. 만약 매장 내에서 일회용 플라스틱 컵을 사용하면 최대 200만 원의 벌금을 내야 하거든. 우리나라에서 2015년 기준, 일 년 동안 사용한 일회용 컵은 무려 257억 개야. 우리나라 국민 5천만 명에게 514개씩 나누어 줄 수 있는 엄청난 양이지. 이렇게 엄청난 양의 플라스틱 쓰레기를 감당할 수 없어서 만든 규제야. 개인 텀블러를 가지고 가면 음료 할인 혜택도 있으니까 텀블러를 챙겨 다니는 게 좋아. 그리고 플라스틱 빨대도 친환경 재료로 만든 빨대로 바꾸고 있어. 하지만 환경을 생각해서 최대한 사용하지 않는 게 좋겠지?

비닐봉지 사용금지

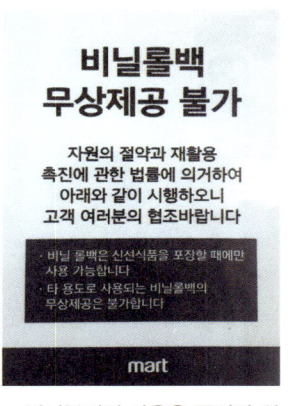

• 비닐봉지의 사용을 줄이기 위해 무상 제공이 금지되었어.

우리나라에서 일회용 플라스틱 컵만큼 많이 쓰는 게 있어. 바로 비닐봉지야. 잠깐의 편리함 때문에 자주 사용하게 되지만, 500년이 지나도 썩지 않는 골칫덩어리지. 그래서 우리나라 정부에서는 대형마트를 비롯한 대규모 매장과 제과점에서는 일회용 비닐봉지 사용을 금지했어. 재사용 종량제봉투나 종이봉투를 판매하기는 하지만, 장 보러 갈 때는 항상 장바구니를 챙겨 가는 습관이 필요해.

또한 젖은 우산을 넣는 비닐도 잠깐 사용되고 버려지기 때문에 골치 아픈 플라스틱 쓰레기 중 하나야. 서울시에서 시청이나 구청 등 공공기관에서만 사용한 우산 비닐을 조사해 보니, 일 년 동안 무려 30만 장이었어. 서울시는 시청, 구청, 지하철역 등 공공기관 입구에서 우산 비닐을 쓰지 않기로 했지. 우산을 잘 털고 접거나 개인적으로 우산 커버를 들고 다닌다면 얼마든지 해결할 수 있거든. 조금 불편하더라도 꼭 필요한 변화야.

우리들이 할 수 있는 8가지 실천 방법

플라스틱 쓰레기 문제는 이미 너무 심각한 상황이야. 전 세계 곳곳에 영향을 미치지 않는 곳이 없을 정도지. 게다가 인류에게 해를 끼치는 진행 속도도 아주 빨라졌어. 우리가 믿고 마시던 세계적인 생수 회사의 천연 광천수에서도 미세 플라스틱이 발견되고 있대. 도대체 플라스틱이 없는 곳이 어디 있을까 싶어.

수려한 자연 경관으로 유명한 미국 옐로스톤 국립공원에서도 플라스틱 쓰레기 문제에 대한 심각성을 느끼게 한 사건이 있었어. 그곳을 흐르는 간헐천이 크게 분출했는데, 물기둥과 가스가 10m 이상 치솟았다고 해. 물이 치솟으면서 바닥에 쌓여 있던 이물질들도 함께 튀어나왔는데, 그중에는 아주 오래전에 버려진 플라스틱 쓰레기들도 섞여 있었어.

심지어 1930년대에 만들어진 쓰레기도 있었다는군. 쓰레기, 특히 플라스틱 쓰레기는 오래도록 썩지 않고 오염물질을 뿜어내며 인류를 괴롭힐 거야.

하지만 플라스틱 문제가 심각하다 해도 해결책은 아주 가까운 데서부터 찾아야 한다고 생각해. 생활 속의 작은 실천이 중요하다는 말이지. 지금부터 우리의 노력만으로도 바다를 살릴 수 있는 것들을 하나하나 실천해 보자.

실천 1. 하루 동안 사용한 물건 적어 보기

아주 간단한 것 같지만 가장 중요한 실천이야. 하루 동안 내가 사용한 물건들을 적어 보면 대부분의 물건은 플라스틱이거나 플라스틱이 포함된 물건이라는 사실을 알게 될 거야.

그중에서 사용하지 않아도 되는 물건을 찾아보는 거지. 플라스틱은 우리 생활 속에서 너무 흔하고, 편리하기 때문에 의식적으로 줄이려고 노력을 하지 않으면 자꾸 사용하게 돼.

멜라티 위즌과 이사벨 위즌 자매처럼 "가방이 있는데 왜 비닐봉지를 사용할까?" 하는 질문을 스스로에게 해 봐. 생활 속에서 불필요한 플라스틱을 찾아내는 것이 플라스틱 쓰레기를 줄이는 시작이 되는 거야.

실천 2. 학용품 끝까지 쓰기

책상 위나 책상 서랍을 열어 보면 사용하지 않은 학용품이나, 한두 번 사용하고 넣어 둔 학용품이 있을 거야. 그런 학용품들을 다 꺼내서 모아 봐. 다 쓴 줄 알고 다시 샀던 샤프심이나 지우개가 나오지 않니? 불필요하게 여러 개를 가지고 있는 것이 눈에 보일 거야. 볼펜, 필통, 가방, 자, 풀, 지우개, 칼, 샤프, 파일 등 거의 모든 학용품은 플라스틱으로 만들거나 플라스틱 부품이 포함되어 있어.

학용품은 알뜰하게 다 사용할 때까지 새로 사지 않는 거야. 아주 작은 지우개부터 시작해 보는 건 어때? 만약 너무너무 지겨워서 끝까지 못 쓰겠으면 친구와 바꿔서 사용해 봐. 불필요한 학용품 구매를 줄이는 것이 바로 바다를 살리는 길이야.

실천 3. 분리배출 완벽하게 하기

분리배출할 때 기억해야 할 네 가지 단계가 있어. 첫째, 내용물을 비운다. 둘째, 깨끗이 씻는다. 셋째, 라벨이나 테이프를 뗀다. 넷째, 재질별로 수거함에 넣는다.

특히 오물이나 이물질이 있으면 재활용이 안 된다는 사실을 기억하렴. 여러 재질이 섞여 있어 분리가 어려운 제품은 반드시 종량제봉투에 담아 버려야 해. 그리고 발로 밟아 최대한 압축시켜서 버리는 거지.

한 가지 더! 종량제봉투에 절대 넣으면 안 되는 제품이 있어. 바로 유통기한이 지난 약이나 남은 약이야. 약은 아픈 우리의 몸을 치료해 주지만, 여러 약이 섞이면 위험한 물질이 될 수도 있어. 반드시 약국이나 보건소에 마련되어 있는 '폐의약품 수거함'에 버리도록 하자.

실천 4. 텀블러 들고 다니기

밖에서 목이 마르면 가장 먼저 편의점으로 달려간다고? 안 돼! 생수나 음료수를 담는 페트병 역시 플라스틱 쓰레기를 대표하는 골칫덩어리야.

개인 텀블러나 물통을 사용하면 돈도 아끼고, 플라스틱 쓰레기를 줄이는 데에도 큰 도움이 되는 거라고. 특히 텀블러를 잘 씻어서 다니면 위생적으로도 훨씬 좋아.

그렇다고 바로 텀블러를 사러 가겠다고? 집에서 잘 찾아보면 선물 받았거나, 기념품으로 받았거나, 사 놓고 사용하지 않은 텀블러가 분명히 있을 거야. 단, 빈 페트병을 깨끗하게 씻어서 다시 사용하는 건 안 돼. 페트병은 뚜껑을 여는 순간 세균이 번식하기 시작하거든. 텀블러나 물통은 입구가 넓어 안에까지 잘 닦을 수 있는 것이 좋아.

실천 5. 리사이클링과 업사이클링하기

'리사이클링'은 재활용을 말하고, '업사이클링'은 업그레이드(Upgrade)와 리사이클링(Recycling)의 합성어로 재활용을 넘어 새로운 제품을 탄생시키는 거야. 가위질 몇 번으로 안 입는 티셔츠를 에코백으로 만든다든지, 종이상자를 수납함으로 사용하는 것처럼 간단한 아이디어를 추가해서 물건의 원래 용도와 다른 특성을 찾아내는 거지. 재활용품에 대한 관심을 키우면 반짝이는 아이디어가 생길 거야. 어떤 게 있을까? 한번 주변을 둘러봐.

실천 6. 비치코밍 하기

가족들이나 친구들과 함께 바다에 가서 비치코밍을 해 보자. 주운 쓰레기 중에서 업사이클링으로 쓸 수 있는 것도 찾아보는 거야. 바다에 갈 수 없는 상황이라면 학교 운동장 쓰레기를 줍거나 동네 쓰레기를 줍는 것도 좋아. 나아가 바다 쓰레기가 어디에서 왔는지나, 동네의 쓰레기 수거 방식을 조사해 보는 건 어때? 만약 불법 투기한 쓰레기를 발견한다면 구청이나 주민센터의 청소행정과에 신고하거나, 온라인 국민신문고를 통해 민원 신청을 할 수 있어.

실천 7. 중고 물건 사용하기

누군가 사용했지만, 다시 사용이 가능한 물건을 '중고'라고 해. 요즘은 중고 서점도 쉽게 볼 수 있고, 중고품을 기부받아 자선 활동을 하는 '아름다운가게'도 활발하게 운영되고 있어. 중고 거래가 활발하게 이루어지는 건 환경을 생각할 때 아주 좋은 변화야. 남이 쓰던 물건이라 찝찝하다고 생각할 수 있겠지만, 실제로 보면 새것처럼 보이는 물건도 많아. 또 내 물건을 깨끗하게 사용한 뒤에 기부하거나 팔아 보는 것도 좋겠지?

실천 8. 플라스틱 사용하지 않는 하루 보내기

매년 6월 5일은 환경의 날이야. 단 하루만이라도 플라스틱을 사용하지 않는 날로 정해서 실천해 보는 건 어떨까? 우리 주변에 널린 플라스틱을 사용하지 않는 건 불가능할 수도 있어. 그래도 최소한 이날만큼은 플라스틱으로 만든 물건은 절대 사지 않는 거지. 그리고 플라스틱은 물론 종이와 나무로 만든 일회용품도 사용하지 않는 거야. 물론 더 길게 일주일이나 한 달을 목표로 실천해 보는 것도 좋아. 생각보다 힘든 실천이지만, 환경을 생각하며 하루를 보내는 의미 있는 시간이 될 거야.

DIY 티셔츠 에코백

우리나라에서 대형마트나 슈퍼마켓에서 일회용 비닐봉지 사용이 금지됐어. 앞으로 장 보러 갈 때는 꼭 장바구니를 가져가야 해. 장바구니가 없다고? 그럼 옷으로 만들어 보자. 아까워서 버리지도, 작아서 입지도 못하는 티셔츠만 있으면 돼. 바느질 없이 만들 수 있어.

| 준비물

안 입는 티셔츠   가위

| 만드는 순서

① 티셔츠를 뒤집은 다음, 잘라야 하는 부분을 수성펜으로 그려 줘. 민소매 티셔츠라면 소매 부분은 자를 필요가 없겠지?

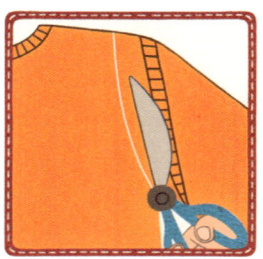

② 가위로 표시한 부분을 깔끔하게 잘라. 티셔츠가 너무 길면 아래쪽을 잘라도 좋아.

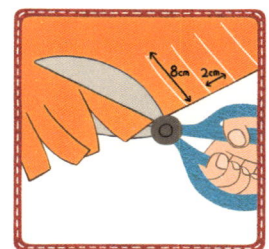

③ 아랫부분을 일정한 크기로 잘라 줘. 길이는 8㎝, 넓이는 2㎝ 정도가 적당해.

> **Tip** 이 단계에서 아래쪽에 매듭짓는 부분이 보이게 할지, 안 보이게 할지를 정해야 해. 매듭이 보이게 하려면 티셔츠의 겉면이 보이도록 하고, 매듭이 보이지 않게 하려면 티셔츠의 안면이 보이게 한 뒤 매듭을 지으면 돼.

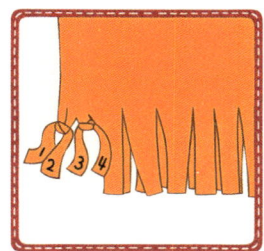

④ 앞면과 뒷면을 한 쌍으로 해서 매듭을 지어 줘.

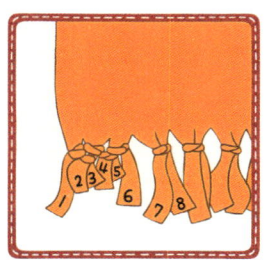

⑤ 이제 엇갈려서 매듭을 지어. 2번과 3번을 묶고, 4번과 5번을 묶어 주면 꼼꼼하게 매듭이 만들어져.

⑥ 환경까지 생각한 멋진 에코백 완성!

어린이를 위한 50가지 시리즈

일상을 바꾸는 판타지가 시작된다.
잘 노는 어린이가 건강하게 자란다.

베스트셀러『율리시스 무어』의 작가가 말하는
어마어마한 모험과 미션 그리고 혁명!

전 세계 19개국 출간 최고의 화제작!

열세 살까지 해야 할 50가지 모험
글쓴이 피에르도메니코 바칼라리오 • 톰마소 페르치바레
그린이 안톤지오나타 페라리 옮긴이 양희 가격 12,500원

어른 세계에서 살아남기 위한 50가지 비밀 미션
글쓴이 피에르도메니코 바칼라리오 • 에두아르도 하우레기
그린이 안톤지오나타 페라리 옮긴이 이기철 가격 13,000원

세상을 바꾸는 50가지 작은 혁명
글쓴이 피에르도메니코 바칼라리오 • 페데리코 타디아
그린이 안톤지오나타 페라리 옮긴이 김현주 가격 13,000원

★★★★★

(사) 행복한 아침독서 초등부 추천도서 선정
학교도서관사서협의회 추천도서 선정 · 학교도서관저널 추천도서 선정
열린어린이 추천도서 선정

꼬마 도서관 03

'넘쳐 나는 쓰레기로 병든 바다와 지구 생태계,
자발적인 지구 살리기 운동을 독려하는 어린이 환경운동 그림책'

최재천 교수 (이화여대 에코과학부 석좌교수/생명다양성재단 대표)

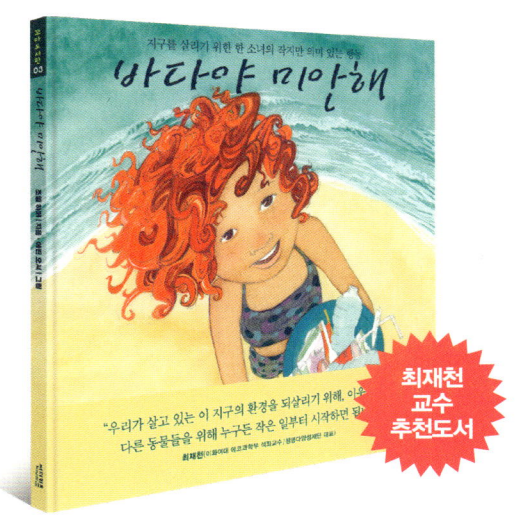

지구를 위한 한 소녀의 작지만 의미 있는 행동

바다야 미안해

조엘 하퍼 **글** | 에린 오셔 **그림** | **가격** 12,000원

함께 만들어 가는 세상 01

바다를 살리는 비치코밍 이야기

1판 1쇄 인쇄 2019년 7월 1일
1판 6쇄 발행 2024년 9월 1일

글 화덕헌
그림 이한울
펴낸이 손기주

펴낸곳 썬더버드
등록 2014년 9월 26일 제 2014-000010호
주소 경기도 의왕시 정우길47. 2층
전화 02 6368 2807 **팩스** 02 6442 2807

ⓒ 썬더버드 2024 Printed in korea

이 책은 저작권법에 따라 보호를 받는 저작물이므로 무단 전재와 복제를 금지하며,
이 책의 내용 전부 또는 일부를 이용하려면 반드시 저작권자와 썬더키즈의 서면 동의를 받아야 합니다.

ISBN 979-11-966210-3-2 (73530)

값은 뒤표지에 있습니다. 잘못된 책은 구입하신 곳에서 바꾸어 드립니다.
썬더키즈는 썬더버드의 아동서 출판브랜드입니다.